# POLYGLOTT on tour

# Bayerischer Wald

W0171365

**Die Autorin**
**Barbara Kreißl**
arbeitet als freiberufliche Reise-
leiterin und Reisebuchautorin. Bei
ihren Reisen kreuz und quer durch
den Bayerischen Wald fasziniert sie
immer wieder die Vielfalt und Fülle
der Angebote von Natur und Kultur:
»Eigentlich sollte der Woid längst
als eines der Top-Ferienziele Europas geliebt werden!«

## Reiseplanung

**Die Reiseregion im Überblick** ........................ 8
**Die schönsten Touren** .............................. 9
Zwei Wochen Wandern und Kultur zwischen Furth
im Wald und dem Lusen .............................. 9
  Furth im Wald › Grafenwiesen › Arrach/
  Arnbruck › Großer Arber › Bayerisch Eisenstein
  › Frauenau › St. Oswald/Neuschönau
8 bis 10 Tage Kult-Tour ............................. 11
  Straubing › Oberalteich › Bogen › Burg Egg ›
  Kloster Metten › Deggendorf › Gut Aiderbichl ›
  Lalling › Pullman City › Tittling › Waldkirchen ›
  Neureichenau › Dreisesselberg › Keltendorf
  Gabreta bei Ringelai › Grafenau
Glashütten und Glaskunst in einer Woche ............. 12
  Frauenau › Zwiesel › Bodenmais › Arnbruck ›
  Viechtach › Regen/Burg Weißenstein
**Touren in den Regionen – Übersicht** ............... 13
**Klima und Reisezeit** .............................. 14
**Anreise** ......................................... 14
**Reisen in der Region** ............................. 15
**Sport und Aktivitäten** ............................ 16
  Special  **Kinder**
  »Unterwegs mit Kindern« .......................... 22
**Unterkunft** ...................................... 24

## Land & Leute

**Steckbrief Bayerischer Wald** ...................... 28
  Zahlen & Fakten ][ Lage ][ Wald-Wirtschaft
**Geschichte im Überblick** .......................... 30
**Natur und Umwelt** ................................ 31
**Die Menschen** .................................... 33
**Kunst und Kultur** ................................. 34
  Der Feuersteinweg ][ Regenbogenschüssel-
  chen und Goldmasken ][ Roden für Gott ][
  Roden für die Glashütte ][ Stimmen aus der
  Heimat

Feste und Veranstaltungen........................ 39
Special  Festivals
»Von Rittern, Räubern und Rockern«................. 40
Essen und Trinken................................ 42

# Unterwegs im Bayerischen Wald

## Oberer Bayerischer Wald........................ 46

Im Naturpark Oberer Bayerischer Wald wechseln sich grüne
Wiesen, Wälder und Felder ab, bevor es hinauf geht zu den Ber-
geshöhen. Das Gebiet gehört zur Oberpfalz, die man nicht
umsonst auch das Bayerische Burgenland nennt: Schlösser und
Burgruinen künden von den Zeiten der Ritter und Räuber.

**Zur Orientierung**........................ 47
Touren in der Region........................ 47
**Unterwegs im Naturpark**........................ 51
Cham ][ Chammünster ][ Bad Kötzting ][ Lamer
Winkel ][ Neukirchen beim Heiligen Blut ][
Furth im Wald ][ Waldmünchen ][ Rötz
**Unterwegs im Bayerischen Burgenland**.................. 65
Neunburg vorm Wald und Umgebung ][ Nitte-
nau ][ Walderbach und Reichenbach ][ Burg
Falkenstein ][ Wörth an der Donau ][ Wiesent ][
Walhalla ][ Burg Donaustauf

## Zwischen Donau und Arber........................ 72

Im Waldgebiet westlich und östlich des Regen mit Wander-,
Rad- und Skigebieten in den Sportregionen um Geißkopf und
Großen Arber kommt keine Langeweile auf. Donaustädte wie
Deggendorf und Straubing bieten Kunst und Kultur.

**Zur Orientierung**........................ 73
Touren in der Region........................ 73
**Unterwegs in der Region**........................ 76
Im Zellertal ][ Großer Arber ][ Viechtach ][
Sankt Englmar ][ Regen ][ Burg Weißenstein ][
Bischofsmais ][ Lalling ][ Deggendorf ][ Kloster
Metten ][ Burg Egg ][ Straubing ][ Maria auf
dem Bogenberg
Special  Wellness im Woid
»Bayurveda – Hopfenbad und Stollentherapie«.... 90

## Nationalpark Bayerischer Wald 92

Der erste Nationalpark Deutschlands vermittelt, welche Bedeutung der naturbelassene Wald hat – nicht nur, aber auch für Wolf, Hirsch, Bär und Luchs. Orte wie Zwiesel und Frauenau halten die alte Glasmacher-Tradition aufrecht.

**Zur Orientierung** ........................................... 93
Touren in der Region ...................................... 93
**Unterwegs in der Region** ......................... 97
Zwiesel ][ Haus zur Wildnis ][ Falkenstein und
Höllbachgespreng ][ Bayerisch Eisenstein ][
Frauenau ][ Spiegelau und Rachel ][ St. Oswald-
Riedlhütte ][ Neuschönau und Umgebung ][
Freilichtmuseum Finsterau

## Abteiland 109

Im Süden des Bayerischen Waldes sind unbekannte Naturschönheiten mit Bilderbuchdörfern zu entdecken. Die alten Handelsstraßen sind heute ideale Wander- und Radwege.

**Zur Orientierung** ........................................... 110
Touren in der Region ...................................... 111
**Unterwegs im Abteiland** ........................... 113
Waldkirchen ][ Freyung ][ Buchberger Leite ][
Keltendorf Gabreta ][ Grafenau ][ Schönberg ][
Tittling und Eging am See ][ Philippsreut ][
Rund um den Haidel ][ Rund um den Dreisessel
][ Breitenberg ][ Wegscheid ][ Hauzenberg

## Weltkultur rund um den Bayerischen Wald 124

Die UNESCO-Weltkulturerbestätten Regensburg und Krumau (Česky Krumlov) sowie die Dreiflüssestadt Passau mit ihrem italienisch anmutenden Flair bilden einen glanzvollen Rahmen um die Erlebnislandschaft Bayerischer Wald.

**Zur Orientierung** ........................................... 125
**Unterwegs in Regensburg** ...................... 126
Steinerne Brücke ][ Porta Praetoria ][
Dom St. Peter ][ Historisches Museum
][ Neupfarrplatz ][ Altes Rathaus ][ Haidplatz ][
St. Jakob ][ St. Emmeram ][ Schloss

**Unterwegs in Passau**................................................ **131**
Veste Oberhaus ][ Museum Moderne Kunst ][
Dreiflüsseeck ][ Rathaus ][ Dom St. Stephan ][
Römermuseum Kastell Boiotro ][ Wallfahrts-
kirche Mariahilf
**Unterwegs in Krumau**................................................ **136**
Regionalmuseum ][ Náměstí Svornosti ][ Muse-
um Egon Schiele ][ Široká ][ Puppenmuseum-
Märchenhaus ][ Schloss Krumau

**Infos von A–Z**........................................................................ **141**

**Register**.................................................................. **142**
**Das System der Polyglott-Sterne**.......... **Umschlag vorne**

Die spannendsten Sportarten ...................................... **21**
Die urigsten Unterkünfte .............................................. **25**
Die anspruchsvollsten Kunst-Events.......................... **39**
Die beste Küche im Wald .............................................. **43**
Die originellsten Museen................................................ **63**
Die besten Glas-Adressen............................................ **98**

## Karten

Oberer Bayerischer Wald................................................ **48**
Zwischen Donau und Arber .......................................... **74**
Nationalpark Bayerischer Wald.................................... **94**
Abteiland ...................................................................... **112**
Regensburg.................................................................... **128**
Passau............................................................................ **133**
Krumau.......................................................................... **138**
Übersichtskarte................................ **Umschlag hinten**

# Reiseplanung

Die Reiseregion im Überblick ][ Die
schönsten Touren ][ Klima und Reisezeit ][
Anreise ][ Reisen in der Region ][ Sport und
Aktivitäten ][ Unterkunft

# Die Reiseregion im Überblick

Ganz im Osten Bayerns liegt der Bayerische Wald, eine der vielseitigsten Urlaubsregionen Deutschlands. Grenzgebiet ist und war dieses einst von dichtem Urwald überwucherte Bergland mit seinem über 1400 m hoch aufragenden Höhenzug zwischen Osser und Lusen.

Der »Woid« ist nicht irgendein baumbestandenes Stück Erde: Zwischen Deutschland, Österreich und Tschechien erstreckt sich eins der größten Waldgebiete Europas. Naturliebhaber schätzen die Schönheit dieser Region, und auch Kulturfreunden wird im Wald viel geboten: Festspiele vom Further Drachenstich bis zum Kulturwald-Festival in Buchet, die weltberühmte Glasstraße oder barocke Kirchenkunst sorgen für Abwechslung. Dazu kommen vielfältigste Sportmöglichkeiten und ein breit gefächertes Wellnessangebot.

Zwei Regierungsbezirke teilen sich den Bayerischen Wald: Zur Oberpfalz gehört der nördliche Teil, er umfasst den **Naturpark Oberer Bayerischer Wald** mit seinem Zentrum um die Stadt Cham am Regen. Osser, Hoher Bogen und Großer Arber gehören zu seinen prominentesten Attraktionen.

Die große Mitte der Region bildet der **Naturpark Bayerischer Wald** zwischen Donau und Großem Arber. Zwischen dem Donautal und der Bergkette des Vorderen Walds ziehen sich über sanft geschwungene Hänge saftige Wiesen und wachsen Tausende von Obstbäumen. Jenseits des Regentals schwingen sich die Berge des Hinteren Walds empor. Hier liegt der **Nationalpark Bayerischer Wald** mit den ihn rahmenden Glasorten Zwiesel, St. Oswald und Frauenau. Sie sind Ausgangspunkte für Erkundungen der wilden Natur zwischen Rachel und Lusen.

Im Südosten, zwischen Donau, Ilz und den Nachbarländern Tschechien und Österreich, erstreckt sich das **Abteiland** mit den Orten Hauzenberg, Waldkirchen, Grafenau und Freyung.

Rund um den Bayerischen Wald locken Abstecher nach **Regensburg** (UNESCO-Welterbe) und **Passau** oder in die Tschechische Republik in das traumhaft in einer Moldauschleife gelegene **Krumau** – alle drei Städte stehen auf der Liste des UNESCO-Weltkulturerbes.

Auf dem Lusengipfel

# Die schönsten Touren

## Zwei Wochen Wandern und Kultur zwischen Furth im Wald und dem Lusen

**①— Furth i. Wald › Grafenwiesen › Arrach/Arnbruck › Großer Arber › Bayerisch Eisenstein › Frauenau › St. Oswald/ Neuschönau**

### Distanzen der Wanderungen:

**Furth i. Wald › Grafenwiesen** 19 km bzw. 5 Std., anspruchsvoll; **Schönbuchen › Eck/Arnbruck** 9/14 km bzw. 3,5/ 4,5 Std. mittel bis anspruchsvoll; **Eck › Gr. Arber** 15 km bzw. 6 Std., anspruchsvoll; **Gr. Arber › Bayerisch Eisenstein** 11,2 km bzw. 3,5 Std., mittel; **Bayerisch Eisenstein › Zwieslerwaldhaus** 7 km bzw. 2,5 Std., leicht; **Frauenau › Schachten und Filze** 6,5 Std., mittel; **Gfäll › Racheldiensthütte** ca. 15 km bzw. 5–6 Std. anspruchsvoll; Rundwanderweg am **Lusen** 4,2 km bzw. 2,5 Std., mittel.

### Verkehrsmittel:

An- und Rückreise per Bahn. Ausgangs- oder Endpunkte der Wanderungen, sowie sonstige Ausflugsziele sind zu Fuß, mit Bus oder Bahn zu erreichen. Gepäcktransport zum nächsten Übernachtungsort rechtzeitig buchen (www.gehnuss.de). Wanderschuhe, Mücken-, Regen- und Sonnenschutz nicht vergessen!

Natur, Kultur und Entspannung im Mix: Planen Sie im Sommer die Festspiele in Furth i. W. oder Bad Kötzting ein. Die acht Wanderungen sind teils anspruchsvolle Tagestouren, teils leichte, kürzere Etappen.

Der Auftakt der Tour in **\*Furth im Wald ›** S. 62 (Übernachtung) steht im Zeichen des Drachen, der in eine sagenhafte Welt versetzt. Am nächsten Tag fordert der Aufstieg über Grub (Goldsteig) zum **\*Hohen Bogen** gute Kondition, belohnt aber mit einem herrlichen Blick bis weit nach Böhmen. Endpunkt der Wanderung ist das am Kaitersberg liegende **Grafenwiesen** nahe **\*Bad Kötzting ›** S. 55 (2 Übernachtungen). Entspannen Sie im **Wellnessbad Aqacur**, besuchen Sie in **\*Chammünster ›** S. 54 die älteste Kirche der Region oder fahren Sie auf dem **\*Blaibacher See ›** S. 54 Kanu.

**9**

Der Latschenfilz, ein Hochmoor im Nationalpark Bayerischer Wald

An Tag 4 erwartet Sie eine der schönsten Wanderungen (Goldsteig/ E 6): Von Schönbuchen erreicht man nach der Heigl-Höhle den 999 m hohen Kreuzfelsen mit spektakulärer Sicht! Die Kötztinger Hütte lädt zu Einkehr ein, bevor es durch's Steinbühler Gesenke zu den Rauchröhren geht. Nach dem Riedelstein (1132 m) beginnt der Abstieg nach **Eck**, von wo Sie der Wanderbus nach **Arrach** ❯ S. 57 oder **Arnbruck** ❯ S. 76 bringt (2 Übernachtungen). Am nächsten Tag bietet ein Besuch bei **Weinfurtner** ❯ S. 77 Glas in allen Farben und Formen.

An Tag 6 stehen acht Tausender-Gipfel auf dem Programm! Ausgehend von Eck erwandern Sie Mühlriegel (1080 m), Ödriegel (1156 m), Schwarzeck (1238 m) und Reischflecksattel (1126 m), sowie Heugstatt (1261 m) und Enzian (1285 m). Schließlich geht es vom Kleiner Arber (1384 m) auf den **\*\*Großen Arber** (1456 m) ❯ S. 77. Dort übernachten Sie im **Arberschutzhaus** (rechtzeitig reservieren! ❯ S. 25). Locker gestaltet sich der Abstieg zum **Großen Arbersee** mit einem der ältesten Urwaldgebiete der Region und weiter am Regen entlang bis **Bayerisch Eisenstein** ❯ S. 101.

Mit Muße gehen Sie den ersten Besuch im Nationalpark am nächsten Tag an: Bei **Zwieslerwaldhaus** ❯ S. 101 lohnt ein Abstecher zu den Urwaldgebieten Mittelsteighütte und Watzlik-Hain, anschließend bringt Sie der Igelbus zum **\*\*Haus zur Wildnis** ❯ S. 101. Mit der Waldbahn erreichen Sie **\*\*Frauenau** ❯ S. 102 (3 Übernachtungen), dessen **\*\*Glasmuseum** mit phantastischen Kreationen bezaubert. Bei der **\*Trinkwassertalsperre Frauenau** beginnt am nächsten Tag die Wanderung (Markierung Borstgras) zu **\*Schachten und Filzen** ❯ S. 104.

An Tag 11 bringt Sie der Igelbus bis Gfäll, von dort geht es hinauf zum **\*\*Rachel** ❯ S. 105 und weiter zum Rachelsee sowie zur Racheldiensthütte (Wege Auerhahn und Specht). Wieder per Igelbus erreichen Sie **St. Oswald** › S. 107 oder **Neuschönau** › S. 106 (3–4 Übernachtungen). Von hier starten die Ausflüge der nächsten drei Tage: Zum **\*Hans-Eisenmann-Haus** und dem **\*\*Tier-Freigelände** › S. 107, zum **\*\*Lusen** (Rundwanderweg Luchs) › S. 107 und zum **\*\*Freilichtmuseum Finsterau** › S. 108. In der Kräuterey finden sich leckere Mitbringsel!

# 8 bis 10 Tage Kult-Tour

**―②― Straubing › Oberalteich › Bogen › Burg Egg › Kloster Metten › Deggendorf › Gut Aiderbichl › Lalling › Pullman City › Tittling › Waldkirchen › Neureichenau › Dreisesselberg › Keltendorf Gabreta bei Ringelai › Grafenau**

## Distanzen:

**Straubing › Oberalteich** 9 km; **Oberalteich › Bogen** 2 km; **Bogen › Burg Egg** 24 km; **Burg Egg › Metten** 5 km; **Metten › Deggendorf** 7,5 km; **Deggendorf › Gut Aiderbichl** 11 km; **Gut Aiderbichl › Lalling** 10 km; **Lalling › Pullman City** 30 km; **Pullman City › Tittling** 12 km; **Tittling › Waldkirchen** 25 km; **Waldkirchen › Neureichenau** 15 km; **Neureichenau › Dreisesselberg** 9 km; **Dreisesselberg › Ringelai** 38 km; **Ringelai › Grafenau** 12 km

## Verkehrsmittel:

Diese Tour unternimmt man am besten mit dem Auto. Zwar gelangt man von Straubing nach Deggendorf auch per Schiff auf der Donau oder von Bogen zu Fuß auf dem Pilgerweg Via Nova, doch sind die anderen Ziele an der Strecke ohne Pkw nur schwer zu erreichen.

Kulte unterschiedlichster Art und verschiedenster Zeiten verbinden die Stationen dieser Tour. In **\*\*Straubing** › S. 88 dreht sich alles um die ermordete Baderstochter Agnes Bernauer, im nahe gelegenen **Bogen** › S. 88 um die Jungfrau Maria. In **\*Burg Egg** › S. 87, wo man im alten Stall- und Wirtschaftstrakt übernachten kann, gruselt es sich schön in der Erinnerung an die blutrünstigen Burgherren. Von christlicher Kultur und Un-Kultur erfährt man in **\*\*Kloster Metten** › S. 86 bzw. beim Besuch in **\*Deggendorf** › S. 85, wo das Stadtmuseum von der grausamen Judenverfolgung berichtet. Mensch und Tier sind am nächsten Tag das Thema in **\*\*Gut Aiderbichl** › S. 84. Noch einmal wird es christlich – auf den Spuren des Rodungsmönchs Gunther geht es in die Region um **Lalling** › S. 84. Cowboy- und Indianerherzen schlagen höher beim Besuch von **\*\*Pullman City** bei Eging am See › S. 22, 118. Hier kann man stilecht in Holzhütten oder Zelten übernachten. Nicht weit entfernt wartet das **\*\*Bauernhofmuseum** von **Tittling** ❯ S. 118 auf Gäste. Über **Schiefweg**, wo einst die Mundart-Dichterin Emerenz Meier lebte ❯ S. 114, geht es nach **\*Waldkirchen** ❯ S. 113. Unbedingt einen Besuch wert ist das **Museum Goldener Steig** mit seiner Säumerkarawane. Ein unverzichtbarer bayerischer Kult(ur)genuss steht in **Neureichenau** auf dem Programm: das Bier! Im Wohlfühlhotel Gut Riedelsbach ❯ S. 91 nutzt man es zur innerlichen wie zur äußerlichen Anwendung. Rund um den **\*\*Dreisesselberg** ❯ S. 121 werden die Texte von Adalbert Stifter, dem großen Wald-Dichter, lebendig. Zum Schluss sind wir noch den Kelten auf der Spur – in **\*\*Gabreta** ❯ S. 22, 117 bei Ringelai wird man leicht zum Hobby-Archäologen, bevor die Tour in der Salzsäumerstadt **\*Grafenau** ❯ S. 117 endet.

# Glashütten und Glaskunst in einer Woche

> **―③―** **Frauenau** ❯ **Zwiesel** ❯ **Bodenmais** ❯ **Arnbruck** ❯ **Viechtach** ❯ **Regen/Burg Weißenstein**
>
> ### Distanzen:
> **Frauenau** ❯ **Zwiesel** 7 km; **Zwiesel** ❯ **Bodenmais** 14 km; **Bodenmais** ❯ **Arnbruck** 10 km; **Arnbruck** ❯ **Viechtach** 11 km; **Viechtach** ❯ **Regen/Burg Weißenstein** 26 km
>
> ### Verkehrsmittel:
> Mit der Bahn erreicht man Frauenau über die Strecke Deggendorf-Regen-Zwiesel. Zwischen Frauenau und Zwiesel verkehren Igelbusse und die Waldbahn, Bodenmais und Regen sind ebenfalls gut mit der Bahn zu erreichen. Lediglich für den Besuch von Arnbruck und Viechtach empfiehlt sich das Auto – wer nicht mit dem eigenen Pkw anreist, kann vor Ort einen Wagen mieten.

Im Herzen des Bayerischen Waldes entstanden einst weltberühmte Glashütten. Heute sind sie vom Aussterben bedroht, doch noch können einige bestehen: Ihr Besuch steht am Beginn der rund einwöchigen Tour. Für die ersten zwei Nächte empfiehlt sich **\*\*Frauenau** ❯ S. 102 als Standort – mit seinem **\*\*Glasmuseum** bietet es den idealen Einstieg ins Thema. Auch sind die **Glashütten Eisch** und **Poschinger** noch hier zuhause. **\*\*Zwiesel** ❯ S. 97 gilt heute als Glaszentrum im Woid – sitzen doch hier die **\*\*Manufaktur Theresienthal** und die **Zwiesel Kristall-**

**glas AG**. Zahlreiche kleine Galerien bieten von moderner Glaskunst bis zum niedlichen Nippes die gesamte Bandbreite der zerbrechlichen Produkte. Darüber hinaus informiert das **\*Waldmuseum** anschaulich über die Anfänge der Glashütten im Wald. Zwei Tage sollten Sie sich mindestens Zeit dafür nehmen. **Bodenmais** ❯ S. 76 und **Arnbruck** ❯ S. 76 sind mit zwei der größten Glaswaren-Verkaufsstellen – Joska und Weinfurtner – für alle Einkaufslustigen die Top-Ziele. Beide Orte bieten gute Übernachtungsmöglichkeiten. In der Nähe von **\*\*Viechtach** ❯ S. 78 haben Vater und Sohn Schmid mit der **Gläsernen Scheune** sowohl der Waldheimat wie der Glasmalerei ein eindrucksvolles Denkmal geschaffen. Mehr Glaskunst gibt es bei **\*Regen** ❯ S. 81 vor der **\*Burg Weißenstein** ❯ S. 82: Hier wächst ein gläserner Wald – wie verwunschen wirken die aus blauen, weißen, grünen oder durchsichtigen Glasplatten errichteten Bäume.

# Touren in der Region

| Touren | Region | Dauer | Seite |
|---|---|---|---|
| Im Grenzland bei Drachen und Panduren | Oberer Bayerischer Wald | 1 Tag | 47 |
| Vom Kleinen Arber zum Regenbogen | Oberer Bayerischer Wald | 4–5 Tage | 48 |
| Burgentour Oberpfalz | Oberer Bayerischer Wald | 3–4 Tage | 50 |
| Zwischen Viechtach und Straubing | Zwischen Donau und Arber | 1 Tag | 73 |
| Quer durch den Wald | Zwischen Donau und Arber | 3–4 Tage | 75 |
| Glashütten, Schachten und wilder Wald | Nationalpark Bayerischer Wald | 3–4 Tage | 93 |
| Auf den Spuren der Waldbewohner | Nationalpark Bayerischer Wald | 2–3 Tage | 95 |
| Von Waldwoge zu Waldwoge | Abteiland | 2–3 Tage | 111 |
| Auf Säumerpfaden | Abteiland | 2 Tage | 111 |
| Altstadtbummel in Regensburg | Weltkultur rund um den Bayerischen Wald | 1 Tag | 126 |
| Rundgang in der Drei-Flüsse-Stadt | Weltkultur rund um den Bayerischen Wald | 1 Tag | 131 |
| Von der Altstadt zum Schloss in Krumau | Weltkultur rund um den Bayerischen Wald | 1 Tag | 136 |

# Klima und Reisezeit

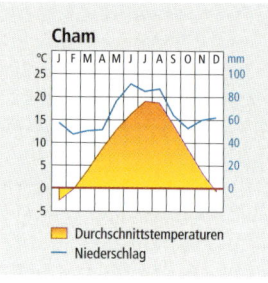

Cham
Durchschnittstemperaturen
Niederschlag

»Im Woid is koid« – böse Zungen sprechen von neun Monaten Winter und drei Monaten Kälte, wenn sie das Wetter im östlichsten Teil Bayerns beschreiben. Positiv gewendet kann man von einem Paradies für Wintersportler mit überdurchschnittlicher Schneesicherheit von November bis April schwärmen. Und im Sommer klettern die Temperaturen durchaus auch über die 25-Grad-Marke. Wer will schon bei brüllender Hitze lange Wanderungen oder anspruchsvolle Mountainbiketouren unternehmen? Da ist Schatten gefragt, den der Wald reichlich spendet. Bilderbuchwetter mit blauem Himmel und Sonnenschein herrscht im Herbst. September und Oktober zaubern Farbe in den Wald. Ab November sorgt der »Böhmwind« aus dem kalten Osten für deutliche Abkühlung – eine dicke Windjacke, Schal und Mütze sind dann gefragte Begleiter.

# Anreise

Besucher, die aus dem Norden mit dem **Pkw** anreisen, wählen die Autobahn A 3 oder A 93 nach Regensburg. Aus dem Münchener Raum ist die A 92 bis Deggendorf die schnellste Verbindung, wer aus dem Südosten kommt, gelangt über die A 3 nach Passau.

Für Gäste, die von einem festen Quartier Ausflüge oder längere Wanderungen planen, lohnt sich die Anreise mit der **Bahn** – über Schwandorf nach Cham, Furth im Wald oder Lam, über Deggendorf nach Zwiesel, Bodenmais, Bayrisch Eisenstein und zur Waldbahn über Frauenau nach Grafenau. Frühbucher sparen bis zu 50 %. Für Tagesoder Wochenendausflüge in die Region empfiehlt sich das Bayernticket (5 Personen ab 28 Euro, Single 20 Euro, jeweils pro Tag). Infos und weitere Angebote unter www.bahn.de.

# Reisen in der Region

## Mit dem Auto

Von Deggendorf quert die B 11 den Wald, verbindet Regen mit Bayerisch Eisenstein und verläuft in Tschechien als E 53 bis Klatovy (Klattau). Eine gut ausgebaute Nord-Süd-Verbindung bietet die B 85 (Cham-Regen-Passau), die B 20 führt von Straubing über Cham bis Furth im Wald, die B 12 von Passau nach Freyung.

An Wochentagen sind auf den Bundesstraßen viele Lkw unterwegs, morgens und abends kommen die Pendler dazu, die in den Städten längs der Donau arbeiten.

Die meisten Straßen – auch kleinere Nebenstrecken – sind sehr gut ausgebaut. Oder sie werden gerade ausgebaut, was mitunter zu ungeplanten Entdeckungen führen kann. Dank der Mithilfe überaus hilfsbereiter Waldler erreicht man dennoch immer das Ziel.

Wer mit dem Pkw nach Tschechien fährt, beachte die unterschiedlichen Verkehrsregeln (absolutes Alkoholverbot, Abblendlicht am Tag, Blinken beim Überholen von Radfahrern, Kinder unter 1,5 m nur mit Kindersitz, Vignettenpflicht auf allen Autobahnen).

## Mit Bahn und Bus

Es lohnt sich, die Angebote von Bus und Bahn zu studieren. Nicht nur im Gebiet des Nationalparks, wo mit den Igel- und Falkensteinbussen umweltfreundliche Erdgasbusse zur Verfügung stehen, gelten günstige Tarife. Das Bayerwald-Ticket ist in der zwischen Bayerisch Eisenstein und Grafenau verkehrenden Waldbahn und den Nationalparkbussen gültig. Zwei Kinder fahren in Begleitung der Eltern kostenlos mit (7 Euro pro Person und Tag – von Plattling und Deggendorf aus 14 Euro, www.bayerwaldticket.com), darüber hinaus reduzieren sich die Preise für Nationalparkführungen um die Hälfte, bei vielen anderen Sehenswürdigkeiten gibt's ebenfalls Rabatt.

Prüfen Sie auch Regionalangebote der Bahn wie Bayern- oder Regio-Ticket (10 Euro, max. 100 km, pro Tag). Für 33 bzw. 23 Euro (Familie/Single) gibt es das Bayern-Böhmen-Ticket, mit dem man einige Orte in Tschechien erreicht (www.bahn.de).

Die Waldbahn verbindet Zwiesel mit Bayerisch Eisenstein, Bodenmais, Regen und Grafenau

# Sport und Aktivitäten

## Wandern

Alte Handelswege erfreuen heute die Wanderer: Der **Pandurensteig** führt in Nord-Süd-Richtung über 173 km in acht Etappen von Waldmünchen bis nach Passau. West-Ost-Verbindungen ins Böhmische ermöglicht der **Baierweg**: Er beginnt bei Straubing, quert bei Viechtach den Pfahl, steigt Richtung Hoher Bogen auf über 900 m an, bevor es bergab nach Neukirchen b. Hl. Blut geht. In Tschechien beschreibt er einen Bogen über Kdynì (Neugedein) und Domažlice (Taus), bevor er in Furth i.W. endet. Reine Wanderzeit für die 155 km lange Strecke sind sieben Tage, doch unterwegs gibt's viel zu sehen, gut zu essen, zu spielen oder zu baden.

»Ab durch die Mitte« könnte das Motto des familienfreundlichen, nur 54 km langen **Böhmwegs** von Deggendorf über Bischofsmais und Zwiesel nach Bayerisch Eisenstein sein. Die vier Tagesetappen sind nicht zu schwierig und bieten mit Burgen, Glashütten und dem Nationalpark viel Abwechslung.

Anspruchsvoll sind die drei Varianten (je ca. 30 km) der **Goldenen Steige** im Süden zwischen Bruckmühle bei Röhrnbach und Prachatice, Vimperk (Winterberg) bzw. Finsterau.

Für Wandervögel gibt's einen **rückenfreundlichen Service,** bei dem das Gepäck von Etappe zu Etappe transportiert wird, während man nur mit einem Tagesrucksack marschiert. So wird das Gehen zum Ge(h)nuss! Detaillierte Infos geben die Touristeninformationen vor Ort, außerdem www.gehnuss.de.

### Rekordhalter

Der längste aller Wanderwege im Bayerischen Wald ist der »Prädikatswanderweg« Goldsteig, der mit 660 km weit über den Wald hinausführt. Man könnte ihn als Rundwanderweg benutzen, spaltet er sich doch von Norden kommend bei Rötz in zwei Arme. Der östliche führt in 13 anspruchsvollen Tagesetappen über die hohen Bergkämme von Kaitersberg, Großem Arber, Großem Falkenstein, Großem Rachel, Lusen und Dreisesselberg. Ein Schmankerl ist das Teilstück mit der **Acht-Tausender-Wanderung** ❭ S. 10 – an diesem Tag darf man mit Fug und Recht behaupten, acht Gipfel über 1000 m Höhe erklommen zu haben! Die sogenannte Kernvariante erschließt weiter westlich an neun Tagen (17–39 km/Tag) im sanfteren Vorderen Wald die lieblicheren Seiten der Region. Beide Steige treffen in Passau zusammen. Infos unter www.goldsteig-wandern.de.

Bikepark am Geißkopf

### Stadt-Land-Fluss für Pedalritter

Anspruchsvolle Bergstrecken für passionierte Mountainbiker oder asphaltierte Bequem-Radwege für Kind und Kegel erschließen die unterschiedlichsten Landschaftstypen.

Der 171 km lange **Regental**-Radweg verbindet Regensburg, Cham, Viechtach, Regen und Bayerisch Eisenstein. Da er überwiegend am Fluss verläuft, bietet er kaum schwere Steigungen oder Gefälle und eignet sich gut für Familientouren.

Im Süden führt der **Donau**-**Wald**-**Weg** von Obernzell bei Passau bis Haidmühle nahe der tschechischen Grenze. Von Ost nach West radelt es sich gefällebedingt leichter. Die 18 km lange Etappe zwischen Haidmühle und Jandelsbrunn gehört zu den Highlights.

Geländegängig sollten Stahlross und Reiter sein, wenn's grenzübergreifend durch den Nationalpark geht. Auf dem 108 km langen **Nationalpark**-**Radweg** zwischen Haidmühle und Ferdinandstal warten Steigungen bis zu 22 % und überwiegend unasphaltierte Wege in herrlicher Landschaft.

Radl-Busse erleichtern Anfahrt oder Rückweg, und Radwanderer, die mehrtägige Touren planen, können sich das Gepäck zum nächsten Tagesziel bringen lassen.

Eine besondere Attraktion für Mountainbike-Fans findet sich auf dem Geißkopf bei Bischofsmais: Im **Bikepark** – dem größten Deutschlands – fordern und fördern Trainingsstrecken für alle Klassen die individuellen Fähigkeiten. www.bikepark.net.

Hervorragende Infos zum Radfahren im Wald gibt es unter www.bayernbike.de.

Echt gut!

## Hochseil-Kletterparks

Ein bisschen Tarzan, ein bisschen Captain Jack Sparrow – so fühlt es sich in luftiger Höhe auf Seil und Wackelplanke an. Besucher der Hochseilparks sind abgesichert, klettern immer im Team und bewegen sich **in 10 bis 20 m Höhe zwischen Baumwipfeln oder an riesigen »Spinnennetzen«.** Bei den Naturhochseilparks sind Seile zwischen gewachsene Bäume gespannt. »Nur« in 10 m Höhe verlaufen die Wege im Lamer Kletterpark zwischen künstlichen Streben, doch sind die Hangeltouren hier besonders adrenalintreibend.

Die Kletterparks finden sich in Schönberg, Lam und Waldmünchen. Anmeldungen ganzjährig für alle Parks bei:

**Erlebnis-Akademie**
**Hafenberg 4** ][ **93444 Bad Kötzting** ][ **Tel. 0 99 41/7 70 10 52**
**www.die-erlebnis-akademie.de**

## Im und auf dem Wasser

Die **Ilz** bietet wildromantische Umgebung für Bootstouren zwischen Perlesreut und Passau.

Die Reise auf dem **Regen** vom Blaibacher See bis Regensburg dauert fünf Tage, dabei verleiten unterwegs viele Sehenswürdigkeiten zu Landausflügen.

Im Oberpfälzer Seenland gehört der **Eixendorfer See** zu den Attraktionen – auf, an und um den 110 ha großen See kann man Segeln, Surfen, Angeln, Radeln und Wandern. Nicht weit entfernt lockt bei Bodenwöhr das dunkle Wasser des **Hammersees ›** S. 66. Auf dem **Perlsee** bei Waldmünchen (› S. 64) lässt es sich surfen und segeln, und der Sand-

Gut gesichert geht's im Kletterpark in luftige Höhen

strand am **Eginger See** (❯ S. 118) bietet Badenixen einen Blick auf bewaldete Ufer. Größter Badesee im Süden ist der **Rannasee** (❯ S. 123 ) bei Wegscheid.

**Wasserskifahrer** sind auf der Donau richtig – lange Strecken kann man hier über den Strom zischen. Bei Metten kommt man gar auf 18 km! Auf dem Friedenhainsee unweit von Straubing merkt man die Nähe zu den Bergen:  **Wasserskiläufer haben hier eine eigene Seilbahn!**

Bootsverleih, Kurse, geführte Touren organisieren zuverlässig:

■ aqua hema
**Oberes Dorf 7** ][ **93444 Blaibach**
**Tel. 0 99 41/41 28**
**www.aquahema.de**
Hat auch einen eigenen Campingplatz.
■ Kanu-Schule Bayerischer Wald
**Hördterbergstr. 24** ][ **94474 Vilshofen** ][ **Tel. 0 85 41/91 19 89**
**www.kanutour-bayerischer-wald.de** ][ **www.kanuwandersport.de**
■ Regental Kanu
**Am Burghof 16** ][ **93149 Nittenau** ][ **Tel. 0 94 36/27 40**
**www.bootwandern.de**

## Wald-Golf

Direkt am Schutzgebiet liegen der **Golfclub am Nationalpark Bayerischer Wald** in Grafenau/Haslach und der **Golfpark Oberzwieselau** in Lindberg (je 18 Loch). **Waldkirchen** bietet einen 18- und einen 9-Loch-Platz. Im Herzen des Bayerwalds lädt **Bodenmais** zum Abschlag.

**Neunburg vorm Wald**, die **Wutzschleife bei Rötz** und **Furth im Wald** besitzen je einen 18-Loch-Platz. Herrliche Ausblicke auf Wald und Donau genießen Golfer bei **Deggendorf-Schaufling** oder **Passau-Thyrnau** (Donau Golfclub Passau-Raßbach und Deggendorfer Golfclub an der Rusel, je 18 Loch, 72 Par).

Alljährlich an 7 Tagen im Juni findet in Freyung und Umgebung das **Internationale Senioren-Golfturnier** statt. Infos gibt das Tourismusamt Freyung, Tel. 0 85 51/58 81 50, oder www.golf-senioren.com.

Weitere Plätze im Hinteren Wald sind von April/Mai bis Oktober, in Donaunähe von März bis November bespielbar. Infos unter www.golf-im-bayerischen-wald.de.

Das reine Vergnügen – Wintersport am Arber

## Hoch zu Ross

Reiter kommen im Wald garantiert auf ihre Kosten – bei kurzen Ausritten ebenso wie bei mehrtägigen Touren.

Unterkünfte mit Pferdeboxen und Koppeln, Reitwegkarten und Gepäcktransportservice machen die Planung leicht. Auf vielen Höfen stehen Leihpferde zur Verfügung.

An der Donau bei Mariaposching startet ein abwechslungsreicher Reitweg, der über Bernried zum Predigtstuhl führt. Durch St. Englmar geht es bis nach Viechtach (2 Tage).

Seit 2002 führt ein gut ausgeschilderter **Fernreitweg** durch den Nationalpark von Frauenau bis Mauth (Strecke im Nationalpark 1 Tag). Grenzüberschreitendes Reitvergnügen ermöglichen die Wege um Haidmühle (wer nach Tschechien reitet, nehme Personalausweis und Impfnachweis für das Pferd mit).

Sowohl im **Keltendorf Gabreta** (❯ S. 22, 117) wie in **Pullman City** (❯ S. 22, 118) sind Ross und Reiter willkommen. Die Pferde-Relaisstation im **Freilichtmuseum Finsterau** (Museumsstraße, Tel. 0 85 57/9 60 60) bietet Einzelboxen oder Weideplätze – Tränke und Heu sind im Museumseintritt inklusive.

Eine Auswahl von Reittouren findet sich unter
- www.bayerischer-wald-reiten.de
- www.ross-und-reiter-urlaub.de

Empfehlenswerte Reiterhotels sind z.B.

### ■ Landgut Lisse
**Unteröd 1 ][ 94163 Saldenburg ][ Tel. 0 85 40/92 31 53**
**www.reiten-bayerischer-wald.de ][ www.lisse-reitsport.de**
In dem von erfahrenen Profis geleiteten Reiterhof gibt es Unterricht für alle Stufen, auch Spring- und Dressurreiten. Anerkannter Meister- und Ausbildungsbetrieb mit 20 Schulpferden. Gastpferdeboxen, schöne Umgebung für Ausritte. ●

### ■ Good Hill Ranch
**Loipfering 11 ][ 94535 Eging am See ][ Tel. 0 85 44/91 70 13**
Bei Familie Herfellner sind Mensch und Tier gut aufgehoben. In den Ferien gibt es Kinderreiturlaube. Spezialitäten des Hofs sind Western-Reiten und Showing, in dem einige Mitglieder der Familie internationale Erfolge erzielten. Gastpferdeboxen. ●

# Ski und Rodel gut!

Wintersportler finden im Bayerischen Wald beste B
Schließlich beginnt der Winter hier früh und hält sich lang.

Schwungvoll bergab wedeln kann man am **Großen Arber**
Weltcupstrecke vom Gipfel selbst Könnern einiges abverlangt. Am
**Hohen Bogen** liegt ein weiteres Skiparadies. Seit 2007 gibt es mit dem
**Atomic-Ski-Jump eine Sprungschanze für Nicht-Profis.** Das Kribbeln
im Bauch nach dem Abheben vom Sprungtisch erlebt man dabei sicher
angeleint (Tel. 0 99 47/4 64). Im Vorderen Bayerischen Wald läuft am
**Pröller Skidreieck** einer der längsten Lifte des Bayerwalds. Ein paar Kilometer weiter südlich strecken **Geißkopf** und **Einödriegel** ihre Lifte
über 1000 m in den Himmel. Neben herrlichen Abfahrten warten hier
eine der längsten Naturrodelbahnen und 70 km gespurte Loipen. Mehrere Bahnen zur Wahl haben Rodler in **Bodenmais** und **St. Englmar**, in
**Drachselsried** saust man 2,5 km mit dem Schlitten bergab!

Ein besonderes Vergnügen für Langläufer ermöglicht die mit einer
Schneeflocke gekennzeichnete 150 km lange **Bayerwaldloipe**. Sie ver-
bindet auf neun Tagesetappen
Lohberg, Bayerisch Eisenstein,
Zwiesel, Spiegelau, Neuschönau
und Mauth.

Klein, aber fein ist das Skigebiet
**Mitterdorf** bei Philippsreut, das
mit Abfahrten, Loipen und Rodelbahnen für jeden etwas bietet.
In Breitenberg lockt die **Ski-
sprungschanze Rastbüchl** internationale Spitzensportler.

Zwischen Deutschland, Österreich und Tschechien laden viele
Loipen, Rodelbahnen und sanfte
Hänge zum Skifahren und **Schneeschuhwandern**! (ARGE Dreiländereck, Grainet, Tel. 0 85 85/
 96 00 30.) **Die Förster im Nationalpark bieten geführte Schnee-
schuhwanderungen an!** (Tel. 0 85
52/9 60 00).

Ob in der Halfpipe, im Funpark
oder auf der Piste: **Snowboarder**
finden in Maibrunn/St. Englmar,
am Geißkopf, in Neukirchen b.
Hl. Blut, in Arrach, Mitterfirmi-
ansreuth und Waldkirchen Spaß.

## Die spannendsten Sportarten

- **Skispringen am Hohen Bogen**:
Auch Amateure fliegen hier von der
Sprungschanze. › oben
- Zu jeder Jahreszeit ist eine **Kanu-
tour auf Ilz oder Regen** ein Erlebnis
der besonderen Art. › S. 18, 82
- Eine **Klettertour im Hochseil-
garten** vermittelt nicht nur ganz
neue Einblicke in die Natur, sondern
fördert auch den Teamgeist. › S. 18
- Von Rangern geführte **Schnee-
schuhwanderungen** im Nationalpark
sind eine einmalige Erfahrung. › links
- Im tiefen Südosten des Bayerwalds fühlt man sich bei einer
**Fahrt mit Schlittenhunden** fast wie
in Alaska. › S. 121
- **Wasserski** fahren kann man auf
der Donau. › S. 19
- Auf dem Geißkopf warten anspruchsvolle Strecken für **Mountainbike**-Fahrer. › S. 17

Special

# Unterwegs mit Kindern

### Kelten und Indianer

Wie lebten die Menschen zur Eisenzeit im Bayerischen Wald? Im **Keltendorf Gabreta** kann man es ausprobieren – wer sich rechtzeitig anmeldet, kann dort auch übernachten. Im Dorf werden Hauswände aus Weidengeflecht und Lehm errichtet, der Acker mit einem eisenzeitlichen Hakenpflug bearbeitet und wer mag, übt sich im Spinnen, Bogenschießen oder Schmieden.

Wie im Wilden Westen geht es in der **Pullman City** zu. Auch hier kann man in Tipi, Blockhütte oder Lodge übernachten. Erfahrene Reiter (ab 12 Jahren) können im Horse Stable einen vierbeinigen Begleiter mieten. Außer Pferden und Ponys warten im Tiergehege neben dem Goldwäschercamp wildwesttypische Waschbären und eher untypische Kängurus!

■ Archäologischer Erlebnispark Gabreta
**Lichtenau** ][ Tel. 0 85 55/40 73 10
**www.gabreta.de**
April–Okt. Di–So 10–18 Uhr
sonst Mi–So 10–18 Uhr
■ Pullman City
**Ruberting 30** ][ **94535 Eging am See**
**Tel. 0 85 44/9 74 90**
**www.pullmancity.de**
April–Anf. Nov. und an Adventwochenenden 10–1 Uhr, ab 18 Uhr Eintritt frei, außer bei Sondershows.

### Wölfe, Hirsche und Bären

Tierisches gehört zu den Hauptattraktionen im Bayerischen Wald. An erster Stelle steht das **Tier-Freigelände des Nationalparks** bei Neuschönau. Planen Sie mindestens eine halben Tag für den 7 km langen Rundweg – Frühaufsteher oder Spätnachmittagsbesucher mit Fernglas haben

die besten Chancen auf Tierbeob-
achtungen! Gänsegeier und Bären
sind zu sehen – und natürlich
Wölfe, Rothirsche, Wildschweine,
aber auch Otter und Biber. Mit
viel Glück entdeckt man sogar
den scheuen Luchs! Am besten
beginnt man den Rundweg beim
Infozentrum im Hans-Eisenmann-Haus. Dort gibt es Angebote für **Wildnisrebellen** (8–12 Jahre), **Baumriesen** und **Mooszwerge**
(6–10 Jahre), im Winter kann
man mit dem Förster auf Spuren-
suche gehen.

Übrigens: Im Nationalpark
kann man auch prima Geburtstag
feiern. Das **Waldspielgelände** bei
Spiegelau lockt mit Kletter- und
Spielplätzen, Grillplatz und Wald-
wiese zum Spielen und mit dem
Naturerlebnispfad zum Staunen.

Tierisch gut ist auch der **Bayerwald-Tierpark Lohberg.** Dort
sind die Gehege deutlich kleiner –
was nicht so gut für die Tiere, aber
sehr gut für die Besucher ist, haben sie doch bessere Chancen auf
Sichtung. Sogar Elche sind hier zu
bewundern!

■ **Tier-Freigelände**
**Hans-Eisenmann-Haus**
**Neuschönau**
**Tel. 0 85 58/9 61 50**
**Haus zur Wildnis**
**Ludwigsthal**
**Tel. 0 99 22/5 00 20**
Aktuelle Infos unter
**www.nationalpark-bayerischer-
wald.de** oder **Tel. 07 00/00 77 66 55.**
■ **Bayerwald-Tierpark Lohberg**
**Tel. 0 99 43/81 45**
**www.bayerwald-tierpark.de**
tgl. 10–16 Uhr (Kassenschluss)

## Einblicke in den Lebensbereich Wasser

Der **Wildgarten in Furth** bietet
Einblick ins feuchte Element. Eine
Hängebrücke und ein Sumpfweg
führen vorbei an Spinnenhöhlen
und Eidechsenhügeln zum Un-
kentümpel und Hornissenbaum.
Hauptattraktion ist die Unterwas-
serstation, die einen spannenden
Blick auf Moderlieschen und
Hechte erlaubt.

**Wildgarten in Furth**
**Furth im Wald**
**Dabergerstraße**
**Nähe Freibad/Campingplatz**
**www.wild-garten.de**
Ganzjährig tgl. von Sonnenauf- bis
-untergang, Führungen und Infos bei
Ulrich Stöckerl, Tel. 0 99 73/29 33

## Weltweite Wildnis im Wald

Im **Internationalen Wildniscamp** erleben junge Menschen,
wie Mapuche-Indianer, mongo-
lische Nomaden oder brasiliani-
sche Regenwaldbewohner versuchen, im Einklang mit ihrer
Umwelt zu leben. In Zusammenarbeit mit der WaldZeit e. V. gibt
es mehrtägige Ferienkurse. Ge-
wohnt wird im Baumhaus, einer
Erdhöhle oder Wasserhütte – also
in und mit der Natur!

■ **Wildniscamp am Falkenstein**
**Zwieselerwaldhaus 2 b**
**94227 Lindberg**
**Tel. 0 99 25/90 31 21**
**www.wildniscamp.de**
■ **WaldZeit e.V.**
**Tel. 0 85 53/92 06 52**
**www.waldzeit.de**

# Unterkunft

Urlaub auf dem Bauernhof, 3- und 4-Sterne-Hotels, Ferienwohnungen und -häuser – jeder findet im Bayerwald das Passende. Meist gehören zur Ausstattung Sauna, Solarium, Fitnessraum und Beauty- bzw. Wellnesseinrichtungen. **Ge(h)nuss**-Gastgeber und **Wander-Wohlfühlhöfe** sind auf Kurzübernachter mit Rucksack eingestellt. **WellVital**-Unterkünfte bieten Wellness auf bayerisch – vom Heublumenbad bis zum Hopfenpeeling (www.well-vital.de; › S. 90). Zu den **Bayerwald-Hotels** zählen zehn 3- bis 4-Sterne-Häuser, die Natur und Tradition des Bayerischen Waldes in ihr Angebot einfließen lassen (www.bayerwald.de). Auch die **Waidla-Betriebe** sind der Region verbunden, mit typisch regionaler Küche, gemütlich-bayerischer Gastlichkeit und viel Tradition (www.waidla-landhotels.de).

## Kneipp-Bauernhöfe und Bio-Hotels

Viele Bauernhöfe bieten mehr als rustikalen Charme: Pfarrer Kneipp lieferte die Ideen – kühle Gewässer, Wiesen und Wälder bietet die natürliche Umgebung. Sauna, Massage und gesunde Ernährung runden das Angebot ab. Solche Häuser dürfen sich »vom Kneipp-Bund aner-

Hotel Grashöfle, ein liebevoll renoviertes Bauernhaus in St. Oswald

kannter Gesundheitshof« (www.kneippbund.de) nennen.

Mit speziellen Zertifizierungen ausgezeichnet sind Bio-Hotels (www.biohotels.info): Speis und Trank, aber auch Kosmetika stammen aus biologischer Produktion.

## Familienunterkünfte

Speziell für Familien mit Kleinkindern wurde die Käfer-Kennzeichnung von Baby- und Kinderbauernhöfen eingeführt (www.babybauernhoefe.de oder www.kinderbauernhoefe.de).

Häuser, die das Logo **Kinderland Bayern** (www.kinderland.by) tragen und mit bis zu fünf Bärchen gekennzeichnet sind, müssen uaa. Treppengitter, Wickeltische, große Familienzimmer und Spielbereiche, Kinderbetreuung und Babysitterservice bieten.

## Hütten für Naturfreunde

Übernachtungsplätze in Berghütten sollten Sie immer rechtzeitig reservieren. Einige bieten Matratzenlager oder Zimmer mit »gehobenem Bergstandard«. Die wichtigsten sind
- Osserschutzhütte
Tel. 0 99 43/7 77
- Arberschutzhaus
Tel. 0 99 25/9 04 10
- Lusenschutzhaus
Tel. 0 85 53/12 12
- Waldschmidthaus am Rachel
Tel. 01 72/7 85 03 62
www.waldschmidthaus.eu
- Falkenstein-Schutzhaus
Tel. 0 99 25/ 90 33 66
www.1315m.de

## Die urigsten Unterkünfte

- In einem originalen **Waldlerhaus** wohnt man in **Neukirchen b. Hl. Blut** direkt am Waldrand – mit Kachelofen urgemütlich! › S. 61
- Im **Waldferiendorf Dürrwies** stehen historische Holzhäuser zwischen Wald und Wiese. › S. 83
- Im **Schlosshotel Egg** lässt sich nach einer köstlichen Mahlzeit in urig-gediegener Atmosphäre übernachten. › S. 87
- Nicht nur die Bier-Blockhütte des **Bier- und Wohlfühlhotels Gut Riedelsbach** verspricht urbayerischen Genuss. › S. 91
- Am Waldrand liegt das **Zwieseler Waldhaus** mit Biergarten und schöner Wirtsstube, übernachten kann man in modernen Zimmern und Appartements. › S. 101
- Eine Jugendherberge der besonderen Art ist im alten Gemäuer der **Burg Saldenburg** oberhalb der Ilz nahe Grafenau untergebracht **(Ritter-Tuschl-Str. 20, 94163 Saldenburg, Tel. 08504/1655, www.saldenburg.jugendherberge. de, ●)**
- Das **Waldschmidthaus** am Rachel liegt in 1360 m Höhe und bietet abends ein zünftiges Drei-Gänge-Menu. › S. 105
- Das **Grashöfle** in **St. Oswald** mit seinem schön renovierten Bauernhaus ist ein Garant für einen gelungenen Urlaub. › S. 106
- In **Unterseilberg-Grainet** bietet der denkmalgeschützte **Göttlhof** nicht nur für Reiter ein ideales Quartier. › S. 121.

# Land & Leute

Steckbrief ][ Geschichte im Überblick ][
Natur und Umwelt ][ Die Menschen ][ Kunst
und Kultur ][ Feste und Veranstaltungen ][
Essen und Trinken

# Bayerischer Wald

**Wirtschaftszweige:** Tourismus, Holzindustrie, Glasherstellung und -veredelung

**Höchste Berge:** Großer Arber (1457 m), Rachel (1453 m), Lusen (1373 m), Dreisessel (1332 m)

**Wichtige Flüsse:** Ilz (mündet bei Passau in die Donau), Regen (mündet bei Regensburg in die Donau), Schwarzach (mündet bei Schwarzenfeld in die Naab).

**Gliederung:** Zum Bayerischen Wald gehören ganz oder teilweise die Landkreise Schwandorf, Cham, Deggendorf, Freyung-Grafenau, Regen, Straubing-Bogen und Passau. Der Naturpark Oberer Bayerischer Wald erstreckt sich über 1738 km², der Naturpark Bayerischer Wald über 3077 km², der Nationalpark Bayerischer Wald über 243 km².

**Wichtigste Städte (Einw.):** Cham (17 000), Deggendorf (32 000), Freyung (7000), Grafenau (8850), Neunburg vorm Wald (8200), Nittenau (8400), Regen (12 200), Viechtach (8500), Waldkirchen (10 500), Zwiesel (11 000)

## Lage

Der Bayerische Wald liegt in den Regierungsbezirken Niederbayern (Naturpark Bayerischer Wald in den Landkreisen Passau, Freyung-Grafenau, Regen, Deggendorf und Straubing-Bogen) und Oberpfalz (Naturpark Oberer Bayerischer Wald im Landkreis Cham und im östlichen Teil des Landkreises Schwandorf).

Im Norden schließt sich der Naturpark Oberpfälzer Wald an, im Westen bildet die Donau die Grenze. Im Osten und Süden grenzt er an die Tschechische Republik bzw. an Österreich. Das Tal des Regen trennt den Vorderen vom Hinteren Bayerischen Wald.

## Wald-Wirtschaft

Schon immer mussten die Menschen im »baierischen Nordwald« mit dem Wald und nach seinen Regeln leben. Dabei lieferte der reiche Baumbestand die Grundlage für eine frühe wirtschaftliche Spezialisierung: Ab dem 13. Jh. begann die Errichtung der **Waldglashütten**, die damals für großen Wohlstand sorgten. Heute allerdings kämpfen die bayerischen Glashütten gegen den internationalen Konkurrenzdruck. Nur noch wenige der alten Manufakturen überleben – die Manufaktur Theresienthal und die von der Jenaer Firma Schott übernommene Zwiesel Kristallglas AG sowie die Glashütten Eisch und Poschinger in Frauenau. In St. Oswald-Riedlhütte musste 2009 die Glasproduktion bei Nachtmann eingestellt werden.

Ab dem frühen 18. Jh. wurde das **Holz** zum wichtigen Wirtschaftsfaktor. Im Raum um Regen und Zwiesel entstanden über fünfzig Sägewerke. Möbel-, Spielzeug- und Papierfabriken wurden errichtet. Bis heute ist die holzverarbeitende Industrie für die Region von Bedeutung – das Netzwerk Forst und Holz, unterstützt von der EU, soll die Entwicklung der Sparte fördern.

Moderne Technologien sind ein wichtiger Faktor in der Stadt Cham, wo u.a. die Firma Siemens ein Zweigwerk betreibt.

**Landwirtschaft** stellt bis heute eine Herausforderung dar: Die Böden sind karg und das Klima ist rau, die donaunahen Regionen sind deutlich begünstigt. Hier liegt um den Ort Lalling die Obstschüssel der Region. Viele Landwirte setzen auf biologische Produktion – im Zusammenhang mit Tourismus und Naturschutz ein wichtiger Faktor.

Wichtigster Wirtschaftsfaktor in der gesamten Region ist seit Jahren der **Tourismus**, der mit vielfältigen Angeboten zwischen Nationalpark, Sport und Wellness für Arbeitsplätze sorgt.

## Bayerischer Wald oder Böhmerwald?

Ganz klar – Bayerischer Wald! Er liegt doch schließlich in Bayern, oder? Radio Eriwan würde antworten: »Im Prinzip ja, aber ...«. Der Bayerische Wald gehört zu der von Geologen so genannten Böhmischen Masse, einem der ältesten Bergrücken der Erde. Die wiederum erhielt ihren Namen wegen der vom 4. bis zum 1. Jh. v. Chr. hier siedelnden keltischen Boier. Von dieser Stammesbezeichnung ist es nicht weit zu den Baiern bzw. Bayern. Ihr Lebensraum hieß boio-hemum, also »Heim der Boier«, das sich leicht zu Böhmen verschliff. Sie sehen, eigentlich macht es gar keinen Unterschied, ob der Wald bayerisch oder böhmisch ist. Tatsächlich soll der Ausdruck »Bayerischer Wald« erst im 19. Jh. eingeführt worden sein als frühe Marketing-Idee, um Touristen anzulocken. Heute jedenfalls bezeichnet der Bayerische Wald das auf bundesdeutschem Territorium liegende Waldstück, während Böhmischer Wald oder Šumava den tschechischen Teil meint. In Österreich spricht man vom Mühlviertel oder vom Böhmerwald. Und die Einheimischen reden einfach vom »Woid«.

# Geschichte im Überblick

**10 000–5000 v. Chr.** Mittel- und jungsteinzeitliche Funde aus den Randlagen des Mittelgebirges, z.B. bei Cham, Bad Kötzting, Viechtach.

**4.–2. Jt. v. Chr.** In den Übergang zur Bronzezeit datieren die Funde der Chamer Kultur.

**Um 2000 v. Chr.** Die bronzezeitliche Kultur von Straubing entwickelt sich.

**1800–800 v. Chr.** Besiedlung des Regen-Flusstals.

**Um 500 v. Chr.** Keltische Boier dringen von Osten zur Donau vor und legen umwallte Siedlungen an (z.B. Bogenberg bei Bogen). Ende des 1. Jh. v. Chr. werden sie von Germanen verdrängt.

Leuchtend weiß tritt im Pfahl der Quarz zutage

**15 v. Chr.** Die Römer errichten in Regensburg, Straubing und Passau befestigte Lager.

**Mitte 5. Jh.** Die Herrschaft der Agilolfinger beginnt. Von Regensburg wird die Landnahme und Christianisierung des Bayerischen Waldes vorangetrieben.

**Um 730** Gründung der ersten Klöster in Pfaffenmünster und Niederalteich. 766 folgt Metten.

**11. und 12. Jh.** Gründung der Städte Regen, Bischofsmais und Furth im Wald. Die Grafen von Bogen bauen alte Handelswege aus.

**1180** Friedrich Barbarossa übergibt den Wittelsbachern unter Otto I. das Herzogtum Bayern. Durch die Grafen von Bogen gelangt das weiß-blaue Rautenmuster ins bayerische Wappen.

**1353** Dynastische Erbteilung und Heiratspolitik machen es möglich: Straubing wird Hauptstadt des Herzogtums Straubing-Holland.

**1420–1421** Gründung erster Glashütten (Frauenau und Rabenstein).

**1425–1434** verursachen die Hussitenkriege schwere Verwüstungen. Die Wallfahrt nach Neukirchen b. Hl. Blut entsteht in dieser Zeit.

**16. Jh.** Zweite Blütezeit des Goldenen Steigs zwischen Bayern und Böhmen.

**1618–1648** Der Dreißigjährige Krieg wütet auch im Wald.

**17. Jh.** Blütezeit der Glashütten.
**1741–1745** Im Spanisch-Österreichischen Erbfolgekrieg fallen Kaiserin Maria-Theresias Truppen in Bayern ein. Der Panduренoberst Franz von der Trenck zieht brandschatzend durch die Region.
**Ab 1800** Aufbau einer Forst- und Holzwirtschaft, von Sägewerken, Möbel- und Papierfabriken.
**1870** Beitritt Bayerns zum Deutschen Reich.

**Ab 1945** Flüchtlinge aus dem Sudetenland bringen enormen Bevölkerungszuwachs.
**1969** Gründung des ersten deutschen Nationalparks im Bayerischen Wald.
**1989** Öffnung der Grenzen nach Osten, der Bayerische Wald wird Durchgangsregion.
**2009** Bei den Bundestagswahlen erleidet die CSU, wie schon bei den Landtagswahlen 2008, auch im Wald deutliche Verluste.

# Natur und Umwelt

Östlich der Donau beginnt der Anstieg aus der Flussebene zum Gebirge. Gut 800 m über das Stromtal erhebt sich der **Vordere Bayerische Wald**, der mit zahlreichen Gipfeln die Tausendergrenze überschreitet. Weiter im Osten ragen die Berge noch höher auf: Großer Arber (1457 m) und Rachel (1453 m) sind die Spitzenreiter im **Hinteren Bayerischen Wald**. Dazwischen erstreckt sich der Pfahl, eine der geologischen Besonderheiten der Region.

Berge und Täler tragen drei verschiedene Waldformen: Aufichtenwälder besiedeln die feucht-kühlen Täler, in bis zu 1200 m Höhe steht

## Der Pfahl

Ein Riegel aus Quarz zieht sich 150 km von Freihung in der Oberpfalz bis nach Linz. Er entstand vor 360 Millionen Jahren infolge schwerer Verwerfungen der kollidierenden Kontinentalplatten. Dabei falteten sich bis zu 8000 m hohe Gebirge auf, die heute als sanfte Mittelgebirge die Landschaft prägen. An den Bruchkanten knirschte es heftig – Granit und Gneis wurden zermahlen und zu Schiefer umgeformt. Etwa hundert Millionen Jahre später dampfte es an diesen Schwachstellen: Kieselsäure quoll kochend heiß in die Ritzen des Gesteins, kühlte ab und kristallisierte zu strahlend weißem Quarz. Sichtbar wurde dieser weiße Gürtel, als der umgebende Schiefer immer weiter erodierte. Das Ergebnis ist ein heute noch bis zu 40 m hoch anstehender Kamm aus Quarzit.
Mehr Infos über den Pfahl gibt es in Viechtach bei der Pfahl-Infostelle und im benachbarten Mylonitsteinbruch Riedmühle.

Der Regen ist die wichtigste Wasserader in der Region

ein Mischwald aus Birken, Buchen, Tannen und Fichten, und in den darüber liegenden Gipfelregionen behauptet sich der Bergfichtenwald.

Man kann sich kaum vorstellen, wie riesig die Gletscher während der letzten Kälteperioden auf den Bergen des Bayerischen Waldes waren. Bis zu 6 km lang und 120 m mächtig schoben sie sich über das Gestein, schleppten Granitbrocken zu Tal oder schoben Mulden und Wälle auf. Der Große und der Kleine Arbersee, aber auch der Rachelsee sind Beispiele für während der Würm-Eiszeit vor rund 18 000 bis 10 000 Jahren gegrabene Kar-Seen.

Drei Flüsse durchziehen die Region und sorgen für Ent- und Bewässerung. Der **Regen** ist mit rund 169 km die wichtigste Wasserader. Kleiner und Großer Regen vereinigen sich bei Zwiesel zum Schwarzen Regen, der westlich von Bad Kötzting mit dem vom Kleinen Arbersee kommenden Weißen Regen zusammenfließt. »Bayerisch Kanada« heißt der Teil der Region, den der Regen zu einem Paradies für Kanuten macht.

Nur 68 km lang ist die **Ilz**, deren Quellen aber bis ins Gebiet südlich des Großen Rachel reichen. Hier entspringt die Große Ohe, die mit der Kleinen Ohe und der Wolfsteiner Ohe die Ilz mit moorweichem, braunem Wasser füllt.

Im Norden fließt die von Tschechien kommende **Schwarzach** durch Waldmünchen, Rötz und Neunburg vorm Wald – unterwegs stauen Talsperren sie zum Perlsee und Eixendorfer See auf.

# Die Menschen

Kelten, Germanen und Römer haben ihre Spuren im Gebiet des Bayerwalds hinterlassen. Keltische Boier siedelten ab Mitte des 1. Jt. v. Chr. in dieser Gegend. Auf sie geht die erste Gründung von Regensburg (Radasbona) zurück. Sie waren jedoch keineswegs die ersten, die den Wald und das angrenzende Gebiet bis zur Donau als Lebensraum nutzten: Jungsteinzeitliche Funde der »Chamer Kultur« stammen bereits aus dem 4. Jt.v. Chr. Kurz vor der Zeitenwende erschienen die Römer und verleibten sich die Gegend südlich der Donau ein. Etwa gleichzeitig hatten sich germanische Stämme in der Region niedergelassen. Möglicherweise bildete sich aus allen diesen Gruppen der Stamm der Baiern, die namentlich als Baioras bzw. Baiovarius erstmals Mitte des 6. Jhs. genannt werden. Die Waldler zählen zu den Altbayern, was sich in der Bewahrung vieler urtümlicher Dialektmerkmale zeigt: Ein deutliches Kennzeichen sind die zahlreichen ou-Laute, die aus dem Wort Bruder einen Brouda machen.

## Leben mit und vom Wald

Früh schon haben Menschen sich Wirtschaftsräume zwischen Nadel- und Laubbäumen erschlossen. Pfade wurden durch das unwegsame Dickicht geschlagen, um Handelsgüter zu transportieren. Ab dem 18. Jh. wurden jedoch riesige Mengen von Bäumen abgeholzt und zu-

### Der Borkenkäfer

Schon im 19. Jh. sorgte das Insekt für Aufregung: Nach schweren Stürmen hatte es sich 1868 im gestürzten Holz breit gemacht, dann aber auch noch stehende Bäume angebohrt. 10 000 Hektar Wald fielen Wind und Käfer zum Opfer!

Kein Wunder also, dass die Waldler nur 100 Jahre später dem absoluten »Nicht-Eingreif-Gebot« im frisch gegründeten Nationalpark höchst skeptisch gegenüberstanden. Macht doch der gefürchtete Käfer nicht an irgendwelchen auf Papier festgehaltenen Grenzen halt, sondern frisst sich munter auch in den Wirtschaftswald. Was, wenn nach Stürmen wie Kyrill, der Anfang 2007 im Wald wütete, niemand aufräumt?

So war der richtige Umgang mit dem Wald zwischen Naturschützern und Waldbauern lange umstritten. Inzwischen gibt es Schutzbestimmungen für die Waldbauern und deren Forst: Um ein Übergreifen natürlicher Prozesse, wie sie im Nationalpark verlaufen, auf bewirtschaftete Waldgebiete zu verhindern, wurde eine Pufferzone eingerichtet. Hier wird Pflanzenschutz der konventionellen Art betrieben, der Käfer bekämpft, und es werden kranke Bäume gefällt.

nächst über Schwemmkanäle und Flüsse, später per Eisenbahn nach Passau und Regensburg transportiert. Staatliche Forstämter regulierten die Nutzung des Waldes, der Bestand an Nadelhölzern nahm zu.

Neben der Forstwirtschaft war die Zucht von Zugochsen eine wichtige Einkommensquelle. Auf gerodeten Lichtungen im Wald bauten Waldbauern Roggen und Hafer an – auf den kargen Böden eine wenig ertragreiche Arbeit. Oft verdingten sich die Waldler daher als Erntehelfer in der Donauebene. Dennoch mussten viele in den Wintermonaten durch Heimarbeit ein Zubrot verdienen: Holzschnitzereien, Hinterglasbilder und Korbflechtarbeiten haben noch immer ihren Markt – heute im Rahmen des Tourismus, dessen wirtschaftliche Bedeutung immer weiter zunimmt.

# Kunst und Kultur

## Der Feuersteinweg

Dass der Bayerische Wald schon ausgesprochen früh im Mittelpunkt internationaler Handelsbeziehungen lag, lässt sich mit harten Fakten beweisen: Feuerstein nämlich. Die harte Knolle wurde seit dem 5. Jt. v. Chr. im Steinbruch von Arnhofen bei Kehlheim gefördert. Über Donau, Schwarzach und Regen wurde der begehrte Rohstoff bis Waldmünchen per Einbaum verschifft, dann ging es zu Fuß durch den dichten Wald. Pilsen und Prag waren die Endstationen auf dem Feuersteinweg.

Ein flächendeckendes Netz von Handelswegen ermöglichte den regen Austausch von Waren und Ideen. Zwar kamen wohl auf diese Weise Anregungen aus den Zentren der sogenannten Linienbandkeramiker in Böhmen in den Wald, doch entwickelte sich bei Cham ein eigenes Kulturzentrum: Ab 3300 v. Chr. finden sich seine Spuren auch in den südlichen und östlich angrenzenden Bergländern.

## Regenbogenschüsselchen und Goldmasken

In der Bronzezeit um 2000 v. Chr. kam die stärker auf Ackerbau und Viehzucht konzentrierte **Straubinger Kultur** auf, an deren Ende üppig mit Beigaben ausgestatte Begräbnisse für den Reichtum der Zeit sprechen (Funde im Gäubodenmuseum Straubing). Im 1. Jt. entwickelte sich bei **Bogen** ein befestigtes Zentrum, das aus Landwirtschaft und internationalem Handel Wohlstand schöpfte.

Die **Kelten** brachten neue Siedlungsformen – das Leben war städtisch geprägt, aus Gold gefertigte Regenbogenschüsselchen dienten als Zahlungsmittel. Ihren märchenhaften Namen erhielten sie, weil sie als

## Religiöses Brauchtum

Bei der **Waldkirchner Raunacht** und der **Koishüttler Lousnacht** in Neuschönau (beide am 5.1.) werden alte Bräuche lebendig: In den Nächten vom 21.12. bis 6.1. haben Geister und teuflische Dämonen freien Ausgang – sie zu vertreiben, ist Aufgabe wilder Masken, die mit Fellen behängt lärmend durch die Nacht ziehen.

Am Ostermontag findet in Waldkirchen, Zwiesel und Regen der **Emmausgang** statt. Gebete und Gesang begleiten den Weg. In Regen wird die Prozession als Reiterumzug durchgeführt, in Waldkirchen sind es nur Männer, die in festlicher Tracht den Bittgang antreten.

Der **Pfingstritt** und der Auftritt des **Pfingstl** in Bad Kötzting markieren das Ende der kalten Zeit und den Beginn des fruchtbaren Frühjahrs. Seit fast 600 Jahren findet am Pfingstmontag die berittene Wallfahrt nach Steinbühl zur Nikolauskirche statt – in alten Trachten und auf prachtvoll geschmückten Pferden nehmen bis zu 1000 Reiter teil.

Reiter sind am gleichen Tag auch in Sankt Englmar unterwegs: Beim in historischen Kostümen abgehaltenen **Englmarisuchen** wird des Heiligen gedacht, der im Winter 1096 erschlagen worden war.

Richtig laut wird es am 9. und 10.11. in Freyung, Lalling, Bodenmais, Drachselsried und Zwiesel, vor allem aber in Rinchnach: Hier ist die Hochburg des **Wolfauslassens,** bei dem bis zu 600 Träger schwerer Glocken sich gegenseitig in Grund und Boden läuten. Hintergrund ist eine alte Tradition der Hirten, die Ende Oktober mit den ihnen anvertrauten Tieren zurückkehrten und lautstark ihre Entlohnung einforderten.

Beim **Leonhardiritt** (6. 11. oder folgender Samstag) in Waldkirchen werden dem Schutzpatron der Tiere festlich aufgezäumte Pferde zur Segnung vorgeführt.

unerklärliche Schatzfunde im Ackerland auftauchten – am Fuß des Regenbogens einst von sagenhaften Gestalten vergraben.

Als die **Römer** das Land nördlich der Alpen bis zur Donau eroberten, war es scheinbar leer im keltischen »Geißenwald« (Gabreta hyle), wie ihn der griechische Geograph Ptolemaios genannt hatte. Über 400 Jahre hielten die Römer das Gebiet südlich der Donau – der Goldschatz von Straubing präsentiert prachtvolle Paraderüstungen und Statuetten. In der Zeit der Römer kam auch das Christentum – seit 391 Staatsreligion im Römischen Reich – nördlich der Alpen an.

## Roden für Gott

Eines der ersten Klöster – als Familienstiftung der Agilolfinger Herzöge gegründet – entstand um 730 in Pfaffenmünster (heute Münster) in der Nähe von Straubing. Etwa gleichzeitig wurde das bis heute berühmte Kloster in **Niederaltaich** eingerichtet, gut 35 Jahre später ließen sich Mönche in **Metten** nieder. Alle diese Klöster gehörten zum Orden der Benediktiner. Die Mönche sollten nicht nur missionieren, sondern auch das Gebiet urbar machen und Handelswege anlegen. Diese Phase dauerte bis ins 13. Jh. Einer der aktivsten Mönche war dabei der später heiliggesprochene Gunther, der ab 1011 zwanzig Orte, darunter die Stadt Regen, gründete. Der ihm nah verwandter Kaiser Heinrich II., politisch stark im Böhmischen engagiert, stiftete dem kleinen Kirchlein von Rinchnach viel umliegendes Land. Gunther und seine Getreuen fanden

In der Klosterbibliothek der Benediktinerabtei Metten

hier ausreichend Gelegenheit zur heilsbringenden Waldarbeit. Immer weiter zog es den einstigen Höfling nach Osten. Die Erinnerung an den Heiligen, der mit Hacke und Bibel durch den Wald zog, bewahrt heute der **Gunthersteig,** der von Niederaltaich über Rinchnach und Zwiesel bis jenseits der deutsch-tschechischen Grenze nach Dobra Voda/Gutwasser führt.

Die frühen Klöster hatten so einige Prüfungen zu überstehen: im 10. Jh. die Angriffe von slawischen, noch nicht christianisierten Stämmen, vom 15. bis 17. Jh. den Hussitensturm, die Reformation und den Dreißigjährigen Krieg. Dabei wurde die gotische Hallenkirche von Niederaltaich zerstört. Das erklärt auch, weshalb sich nahezu alle Gotteshäuser im Bayerischen Wald als Arbeiten des Barock und des Rokoko präsentieren. Älteres wie bei den Stiftskirchen von **Chammünster** und **Pfaffenmünster** oder der Klosterkirche von **Walderbach** ist nur selten zu finden. Zu den fleißigsten Gestaltern des Rokoko zählten in Ostbayern **Johann Michael Fischer** (1692–1766) und **Johann Baptist Modler** (1697–1774). Wer diese prächtig bunte, fröhlich pralle Kunst schätzt, der wird von Bad Kötzting bis Passau, von Regensburg bis Viechtach, in Frauenau und Deggendorf und noch an vielen anderen Orten im Wald fündig. Auch **Cosmas Damian Asam** (1686–1739) wirkte im Bayerischen Wald, so z.B. in Metten und Walderbach oder Straubing.

Doch war mit dem 18. Jh. keine Entwarnung für die Klostergemeinschaften gegeben: Die große Säkularisation verleibte ab 1802 nahezu alle kirchlichen Besitzungen dem Staat ein.

## Roden für die Glashütte

Holzfäller waren im Bayerischen Wald seit frühesten Zeiten zugange. Zu massiven Eingriffen in den Baumbestand kam es aber erst im Zusammenhang mit einer Technologie, die ab dem 13. Jh. in der Region Verbreitung fand: Zur Herstellung von Glas benötigte man ausreichend Brennmaterial – in der damaligen Zeit ausschließlich Holz –, Quarzsand und Pottasche als Flussmittel. Pottasche wiederum gewann man aus Holz, vorzugsweise von Eichen, Buchen oder Fichten. Die Voraussetzungen für sogenannte **Waldglashütten** waren im Bayerischen Wald ideal. Ging das Brennholz in der näheren Umgebung aus, wanderten die Hütten einfach ein Stück weiter. Die meist adeligen Waldbesitzer verpachteten Land an Glashüttenmeister, die für ihre Luxusprodukte von den Höfen gut bezahlt wurden. Dabei handelte es sich nicht nur um Tafelglas, sondern auch um Fensterglas, die damals üblichen Butzenscheiben, Kirchenfenster und daneben gläserne Rosenkranzperlen. Zum Transport wurden die alten Salzhandelswege benutzt, die von den Donaustädten Vilshofen und Passau ausgehend durch das südöstliche Bayerwaldgebiet nach Böhmen führten. Der profitable Handel brachte dem Wegenetz die Bezeichnung **Goldener Steig** ein.

## Stimmen aus der Heimat

»Waldwoge steht hinter Waldwoge, bis eine die letzte ist und den Himmel schneidet. Großartig ist es, wenn Wolkenberge an dem Himmel lagern, und mit blauen Schattenflecken dieses Waldmeer unterbrechen.« Kein Buch über den Bayerischen Wald kommt ohne dieses schwärmerische Zitat von **Adalbert Stifter** (1805–1868) aus. Er ist der Haus- und Hofdichter des Waldes, in dem er lebte und dichtete. Auf seinen Spuren und begleitet mit Auszügen aus seinen Gedichten kann man rund um den Dreisesselberg literarische Naturwanderungen bis zum Stifter-Denkmal jenseits der tschechischen Grenze unternehmen.

**Siegfried von Vegesack** (1888–1974) war zwar kein gebürtiger Waldler, aber von den Eigenheiten dieser Region bezaubert. Er lebte u.a. bei Regen in einem zur Burg Weißenstein gehörenden Turm – dem »Fressenden Haus«. Renovierungskosten verschlangen die Haushaltskasse – das Ergebnis war das heute für den Turm namengebende Buch.

Der »Waldschmidt« genannte **Maximilian Schmidt** (1832–1919) sammelte vor allem Geschichten und Sagen aus dem Bayerischen Wald oder berichtete über alte Bräuche.

**Harald Grill** (geb. 1951) steht mit seinen kritisch-witzigen Gedichten und Erzählungen für die moderne Heimatliteratur.

Aus dem Woid schallen aber auch ganz andere Stimmen, zeitgenössisch und ziemlich aufmüpfig! Da gibt es den wegen seiner Scharfzüngigkeit berüchtigten **Django Asül** aus Hengersberg oder **Sissi Perlinger**, eine echte Waldlerin aus Furth im Wald. Ganz so bieder-brav ist es anscheinend doch nicht im Osten Bayerns. Unterstützung für Sissi und Django kommt aus Roding: Von dort stammen **Tanja** und **Susanne Raith,** die zusammen mit **Andi Blaimer** nicht nur mit »Wirtshausliedern« für Furore sorgen. **Da Huawa, da Meier und I** – ebenfalls waschechte Woidler – sorgen an der Männerfront für Verstärkung auf der Kabarettbühne.

**Monika Darsch** – bekannt als Mitglied des Bayrisch-Diatonischen Jodelwahnsinns und durch Auftritte mit **Haindling** – hat eine der alten Stimmen aus dem Wald wieder belebt: Sie vertonte Mundartgedichte von **Emerenz Meier** (1874–1928), jener Frau, die Anfang des 20. Jhs. von Schiefweg bei Waldkirchen über Passau und München nach Chicago emigrierte (❯ S. 114).

Emerenz-Meier-Statue in Passau

# Feste und Veranstaltungen

Überall im Wald wird munter gefeiert. Das Folgende ist eine kleine Auswahl (> auch S. 35):

## Festkalender

**Mitte Mai:** In Lalling gibt es **Mostfest und Töpfermarkt** > S. 84.

**Juni/Juli:** Alle vier Jahre locken die **Agnes-Bernauer-Festspiele** Tausende Besucher nach Straubing – das nächste Mal 2011 > S. 89.

**Ende Juni bis Ende Juli:** Romantische Stimmung bieten die **Burghofspiele Falkenstein** > S. 40, 69.

**Anfang Juli bis Mitte August:** Auf der Schwarzenburg gibt es die **Festspiele von Rötz** > S. 64.

**Zweite Juli-Hälfte:** Unbedingt sehenswert sind die **Waldfestspiele Bad Kötzting**, die Klassiker auf Bairisch mit einem wirklich beeindruckenden Ensemble bieten > S. 55.

**Ende Juli:** Beim **Pichelsteiner Fest** in Regen gibt's mehr als Eintopf > S. 81.

Auf dem Marktplatz in Waldkirchen finden die **Marktrichtertage** statt S. S. 113.

**Mitte Juli bis Mitte August:** Die **Trenck-Festspiele** in Waldmünchen erinnern an den Dreißigjährigen Krieg, > S. 40, 63.

**1. Wochenende im August:** Das **Salzsäumerfest** in Grafenau erinnert an den Transport des »weißen Goldes« > S. 117.

**August:** An den Wochenenden wird beim **Drachenstich** in Furth im Wald das Mittelalter lebendig > S. 62

**Wochenende nach dem 15. August:** In Frauenau findet die **Auer Kirda** statt > S. 102.

**Ende August:** Beste Unterhaltung im historischen Gewand bietet das **Wolfsteiner Schlossfest** > S. 115.

**3. Sonntag im Oktober:** In Lalling findet der große **Obstmarkt** statt > S. 84.

---

Echt gut!

## Die anspruchsvollsten Kunst-Events

■ Der **Kulturwald in Buchet** holt alljährlich im September klassische Musik in den Wald. > S. 87

■ In Frauenau finden sich im Sommer Glaskünstler aus aller Welt ein, um im **Bild-Werk Frauenau** ihre Werke zu produzieren. > S. 103

■ Das internationale **Filmfestival NaturVision** findet im Juli in Neuschönau im Nationalpark statt. > S. 41

■ Bei den **Thurn und Taxis Schlossfestspielen in Regensburg** wird jeden Sommer ein abwechslungsreiches Programm geboten. > S. 129

■ Zwischen Oktober und März ziehen die **Kabarett-Tage** Besucher in Passaus Scharfrichterhaus. > S. 135

■ Der **Musiksommer in Krumau** bietet klassische Musik in historischer Umgebung. > S. 140

# Von Rittern, Räubern und Rockern

Im Sommer rührt sich was im Woid. Historische Festivals mit Hunderten von prächtig gewandeten Schauspielern, internationale Filme zu wilden Tieren und weniger wilden Landschaften – und dazu auch noch Rock & Pop zum Abtanzen! Da es sich meist um Open-air-Veranstaltungen handelt, die auch bei Wind und Regen stattfinden, rüstet man sich tunlichst mit wetterfester Kleidung, festem Schuhwerk und einer Decke aus!

## Panduren und Shakespeare

Wild dreinblickende, bezopfte Panduren preschen in leuchtend roter Uniform auf ihren Pferden vor die Stadtmauer – Waldmünchen wird im Spanisch-Österrei-chischen Erbfolgekrieg von den wilden Horden unter Franz Freiherr von der Trenck belagert. Doch die Fürsprache einer jungen Maid aus dem Nachbarort stimmt den grimmigen Feldherrn milde – wenn auch erst bei seinem zweiten Ansturm auf die Stadt ein paar Jahre später. Bei den **Trenckfestspielen in Waldmünchen** wirken über 300 Laienschauspieler mit Ross und Reiter vor herrlicher Kulisse mit. Die Zuschauertribüne ist überdacht – bei Regen werden nur die Schauspieler nass.

»Shakespeare im Wald« könnte die Devise auf **Burg Falkenstein** lauten – hatte man doch schon viel Erfolg mit Stücken des großen Dichters. 1074 oder 1076 wurde die Burg errichtet – anlässlich ihrer 900-Jahr-Feier begann die

Gemeinde 1976 mit den Festspielen im Burginnenhof. Professionelle Unterstützung bekommt die Laien-Truppe von Regisseur Till Rickelt. Auf dem Spielplan stehen Klassiker von Shakespeare bis Nestroy, aber auch Märchen oder klassische Heldensagen!

■ **Trenckfestspiele**
**Tourismusbüro Waldmünchen**
**Tel. 0 99 72/3 07 24**
**www.trenckfestspiele.de,**
Mitte Juli–Mitte August Mi, Fr, Sa
■ **Burg Falkenstein**
**Karten im Tourist-Info Falkenstein**
**Tel. 0 96 42/94 22 20**
**www.markt-falkenstein.eu**
Aufführungen an den Wochenenden von Ende Juni–Ende Juli

## Filmfest im Nationalpark

Alles andere als beschaulich sind die Filme, die jährlich von Mitte bis Ende Juli beim **Internationalen Festival der Natur- und Tierfilme** in Neuschönau um Preise ringen (www.natur-vision.de). Natürlich geht es um Tierisches und auch mal um uralte Baumriesen – aber auch »Der Tiger und der Mönch« feierte hier Erfolg. Der Rahmen ist ideal – schließlich liegt der Nationalpark direkt neben dem Kinosaal im Hans-Eisenmann-Haus.

## Da rockt der Wald!

Das traut dem Wald mal wieder keiner zu: Von wegen staade Volksmusi oder Kirchengsangl – zwischen Donau und Regen treibt sich so allerhand durchs musikalische Gehölz!

Beim **Woidrock** in Großloitzenried gleich hinter Burg Weißenstein/Regen rockt es drei Tage lang laut in der Natur. Vielleicht ist das Festival nicht so groß und berühmt wie Woodstock, doch hat das »Woidstock« mittlerweile schon seine treue Fangemeinde (www.woidrock.de).

Der kleine Ort **Teisnach** zwischen Regen und Viechtach hat sich Großes vorgenommen: Seit 2003 findet jährlich Ende Juli ein Konzert statt, das Berühmte aus Rock & Pop in den Wald bringt. Haindling, Status Quo, Pink und Lenny Kravitz gaben sich schon die Ehre – ihre Konzerte waren innerhalb von wenigen Tagen ausverkauft. www.teisnach.de

Ausgezeichnet als eine der besten Diskotheken Deutschlands wurde das **Flash** in Bad Kötzting (www.disco-flash.de; Do, Fr, Sa, vor Feiertagen 21–4 Uhr). Auf drei Areas verteilen sich die Musikgeschmäcker, von Chillout bis Heavy Metal finden alle ihren Stil. Wer vom Tanzen Hunger kriegt, wird im Bistro versorgt.

# Essen und Trinken

Zu Recht erwartet man im Bayerwald »a Schweinernes und Knedl«. Berühmt ist auch der Pichelsteiner Eintopf aus Regen – er wird sogar mit einem Volksfest geehrt (❯ S. 81). Deftig sind die meisten Gerichte aus der Regionalküche, zu der allerdings auch der feine Spargel aus Straubing oder Abensberg zählt.

## Zutaten aus der Region

Viele Köche im Woid arbeiten mit dem, was sie in ihrer nächsten Umgebung finden: Wildschwein, Hirsch und Reh liefern Jäger aus der Nachbarschaft, Fisch kommt aus den klaren Gewässern – Zander, Saibling, Forelle oder auch mal ein Waller (Wels) finden sich auf der Speisekarte. Weideochs und Milchkalb stehen nicht selten auf der Weide hinter dem Haus, wo sich auch Mufflon und Kamerunlamm tummeln. Das Federvieh vergnügt sich beim Bauern am Hof. Tatsächlich achten viele Wirte sehr genau darauf, wo und wie die Tiere gehalten werden, deren Fleisch sie verarbeiten.

Je nach Jahreszeit gehören selbstverständlich Schwammerl in die Küche: Reherl (= Pfifferlinge) oder Birkenpilze, Rotkappen und Steinpilze. Dazu frische Kräuter aus dem Garten und ein schöner runder Knödel in Rahmsoße. Viele Wirte haben eine eigene Metzgerei – frische Schlachtschüsseln stehen dann regelmäßig auf der Speisekarte. Dazu gehören Salzkartoffeln und ein feines Sauerkraut, ein Tupfer Meerret-

Ein Verkaufsschlager im Wald: der Bärwurz

tich und ein Löffel scharfer Senf. Als kräftige Brotzeit eignet sich hervorragend eine hausgemachte Sulz (= Sülze) mit frischem Brot.

Danach haben dann je nach Saison bestimmt auch noch Hollerkücherl – in Teig ausgebackene Holunderblüten – oder Blaubeerpfannkuchen Platz.

Wer gerne selbst kocht oder ein paar nahrhafte Andenken mit nach Hause nehmen will, wird auf den Bauernmärkten fündig. **Artgerechte Haltung, biologischer oder ökologischer Anbau**, schonende Verarbeitung und Frische der zu verarbeitenden Ware sind für viele Anbieter von größter Wichtigkeit. Ob beim Bäcker oder Schnapsbrenner, beim Metzger oder Milch- und Käseladen – achten Sie auf das Zeichen »Bayerwald Premium – Qualität und Natur«.

## Flüssig und gut

Fehlt nur noch ein Grundelement bayerischer Lebensart – das Bier! Schließlich liegt sozusagen vor der Haustür die Welt älteste Brauerei – Kloster Weltenburg bei Regensburg.

Und zur Verdauung hilft vielleicht ein Stamperl Bärwurz. Dieser Kräuterschnaps wird aus der Wurzel der Alpen-Mutterwurz (Ligusticum mutellina) gewonnen, die nur in Lagen über 1000 m auf den kargen Kalkböden der Bayerwaldwiesen wächst. Als Alternative gibt's Vogelbeer- und Himbeerschnaps oder sogar heimischen Whisky aus Bad Kötzting.

## Die beste Küche im Wald

■ Mehrfach ausgezeichnet wurde die von Vater und Sohn traditionell bis modern zubereitete Küche im **Waldschlössl** in **Neukirchen b. Hl. Blut.** › S. 61

■ Bayerisch-steirische Erlebnisküche mit Musik gibt's in **Bodenmais** beim **Kimbacher.** › S. 77

■ Im Sommer lockt der Biergarten beim **Schlosshotel Egg** mit Blick auf die Burg, aber auch im Inneren der ehemaligen Stallungen herrscht eine freundliche Atmosphäre, in der es sich gut speist. Allein das Semmelknödelcarpaccio lohnt schon einen Besuch! › S. 87

■ Aus dem Wald kommen viele der Spezialitäten im **Restaurant zur Waldbahn** in **Zwiesel**, von den Pilzen bis zum Reh. Ente, Lamm und Wildschwein werden ebenso köstlich zubereitet wie Zimtnudeln oder fangfrischer Fisch. › S. 100

■ Keineswegs museal schmecken die Gerichte in der **Tafernwirtschaft Ehrn** des **Freilichtmuseums Finsterau**, eher traditionell: Blunzengröstl, Erdäpfel, Germknödel oder Knoblauchsuppe gehören zu den typischen Gerichten der Dreiländerregion. › S. 108. Gourmetküche im tiefsten Wald – das verspricht seit über 20 Jahren das **Landgasthaus Schuster** in **Freyung.** › S. 116

■ Im **Gidibauer Hof** in **Hauzenberg** (Di–So 11.30–14, 17.30–21.30 Uhr, ●●) geht man kreativ mit der Tradition um – die Produkte kommen frisch aus der Umgebung, auch das lässt sich herausschmecken! › S. 123

# Unterwegs im Bayerischen Wald

Entdecken Sie die einzelnen Reiseregionen –
jeweils mit den schönsten Touren, allem
Sehens- und Erlebenswerten, Hotel-, Restaurant-,
Nightlife- und Shoppingtipps

# Oberer Bayerischer Wald

## Nicht verpassen!

- Mittelalter live: Cave Gladium und der Drachenstich in Furth im Wald
- Bergtouren an den großen Gipfeln von Osser und Arber
- Kulturgenuss bei einer Aufführung der Waldbühne Bad Kötzting
- Die Urkirche im Woid: Chammünster
- Kanufahren auf dem Regen bei Nittenau

# Zur Orientierung

Viel Abwechslung verspricht eine Fahrt durch den Oberen Bayerischen Wald. Die Region gehört zur Oberpfalz, die man nicht umsonst das **Bayerische Burgenland** nennt – zahlreiche Burgen laden zu einer Reise ins Mittelalter ein, mal malerisch ruinös wie in **Donaustauf,** mal eindrucksvoll wie in **Burg Falkenstein.** Zwischen den Burgbergen wellen sich sanft die Vorberge, saftig grün überzogen von Wiesen, Feldern und dunklem Wald. Wer am späteren Nachmittag kleine Nebenstraßen wählt, der wird Rehe am Waldsaum sehen.

Nordöstlich schließt sich der **Naturpark Oberer Bayerischer Wald,** der bis zur tschechischen Grenze reicht. Hier bieten Rad- oder Bootstouren auf dem **Regen** Entspannung in der Natur und reichlich Abstecher in die Umgebung: Uralte Kirchen und ehrwürdige Klöster säumen die Ufer – aber auch zünftige Wasserwirtschaften, Biergärten und bei **Cham** sogar ein europäisches Vogelschutzgebiet! Weiter hinauf zieht es den Besucher ganz im Osten. Hier locken **Osser** und **Arber** zum Gipfelsturm oder im Winter zu herrlichen Abfahrten. Um **Neukirchen b. Hl. Blut** liegt mit dem Hohen Bogen eines der besten Wintersportgebiete im Wald.

Die Urkirche des Bayerischen Waldes: Chammünster

Einen besonderen Reiz hat ein Besuch im Sommer, denn dann ist Festspielzeit: In **Waldmünchen** wüten die Panduren, in **Furth im Wald** schreckt der Drache, in **Bad Kötzting** verzaubern Klassiker, bei **Rötz** erwachen die Ritter zu neuem Leben und bei **Nittenau** spukt es gar!

# Touren in der Region

## Im Grenzland bei Drachen und Panduren

⊶④⊷ **Neukirchen b. Hl. Blut** › **Furth im Wald** › **Waldmünchen**

**Länge:** 1 Tag, ca. 26 km
**Praktische Hinweise:** Wer diese Strecke im Sommer während der Festspielzeit fährt, kann in Furth und Waldmünchen die historischen Spektakel mit einplanen. Kümmern Sie sich rechtzeitig um Karten (› S. 40, 62) und planen Sie eine Übernachtung ein!

Diese Tour ermöglicht einen abwechslungsreichen Einblick in die Geschichte und Traditionen des Bayerischen Waldes: In **Neukirchen b. Hl. Blut** › S. 61 macht das sehenswerte Wallfahrtsmuseum mit dem katholischen Brauchtum und den überregionalen Wallfahrten vertraut. In \***Furth im**

**Wald** ❯ S. 62 entführt das Drachenmuseum in eine nicht nur mythische Vergangenheit. Ganz und gar dem Mittelalter verschreibt sich die Stadt im August mit Festspiel, historischem Umzug und dem großem Ritterspiel Cave Gladium. Und auch im Luftkurort **Waldmünchen** ❯ S. 63 werden die Schwerter gezückt – sei es beim sommerlichen Schauspiel »Trenck, der Pandur« oder im Pandurenmuseum. Weitaus friedlicher wirkt dagegen die herrliche Landschaft – hier findet man schnell Seelenfrieden!

## Vom Kleinen Arber zum Regenbogen

❙❙━⑤━ Lohberg ❯ Lam ❯ Bad Kötzting ❯ Cham

**Länge:** 4–5 Tage, ca. 45 km
**Praktische Hinweise:** Diese Tour kann man auch ohne Auto machen. Von Lohberg nach Lam sind es nur wenige Minuten mit dem Bus. Zwischen Lam und Bad Kötzting verkehrt im 1- bis 2-Stundentakt die Regentalbahn (kostenlose Fahrradmitnahme), mit Umstieg weiter bis nach Cham (Zwischenstopps in Blaibach, Miltach, Chamerau möglich). Von Blaibach aus kann man sogar per Kanu bis Cham fahren (Gepäcktransport möglich, ❯ S. 19).

Natur und Kultur verbinden sich in diesem Ausschnitt des Bayerwalds auf ideale Weise: In **Lohberg** ❯ S. 58 (1–2 Übernach-

tungen,) stimmt der **\*Bayerwald-Tierpark** auf die heimische Fauna ein. Den Weg hinauf zum **\*\*Kleinen Arbersee** ❯ S. 60 kann man erwandern oder bequem per Bahn hinauftuckern, weiter zum Gipfel des Kleinen Arber kommen nur die Wanderer.

Gipfelstürmer lockt der **\*Große Osser** ❯ S. 60, bevor es in **Lam** ❯ S. 57 (1 Übernachtung) bei der Fürstenzeche in den Untergrund

━④━ **Im Grenzland bei Drachen und Panduren** Neukirchen b. Hl. Blut ❯ Furth im Wald ❯ Waldmünchen

geht – oder zum Märchenschloss, dem Kletterdorado Rauchröhren und dem Hochseil-Kletterpark. Richtung **Bad Kötzting** ❯ S. 55 (Übernachtung) folgt man dem Lauf des Weißen Regen – und genießt am Abend einen Besuch der Waldbühne oder versucht im Kasino sein Glück. Auf der Weiterreise stehen verschiedene Alternativen für einen Abstecher zur Wahl: Kirchenbesuch in **Weißen-**regen ❯ S. 54, Kanufahren am **\*Blaibacher See** ❯ S. 54 oder Schlossbesuch in **Miltach** ❯ S. 54?

Bis **Cham** ❯ S. 51 schlängelt sich der Regen in engen Windungen durch die breiter werdende Aue. Kurz vor dem Endziel erhebt sich die Urkirche des Bayerischen Waldes in **\*Chammünster** ❯ S. 54, bevor die Stadt am Regenbogen mit Wasserwirtschaft und Biertor den Gast begrüßt.

**━5━** **Vom Kleinen Arber zum Regenbogen** Lohberg ❯ Lam ❯ Bad Kötzting ❯ Cham

**━6━** **Burgentour Oberpfalz** Neunburg vorm Wald ❯ Stamsried/Ruine Kürnburg ❯ Ruine Schwärzenberg ❯ Nittenau ❯ Walderbach ❯ Reichenbach ❯ Zell/Ruine Lobenstein ❯ Falkenstein ❯ Wörth ❯ Wiesent ❯ Walhalla ❯ Donaustauf ❯ Regensburg

## Burgentour Oberpfalz

— 6 — **Neunburg vorm Wald**
> **Stamsried/Ruine Kürnburg**
> **Ruine Schwärzenberg** >
**Nittenau** > **Walderbach** >
**Reichenbach** > **Zell/Ruine
Lobenstein** > **Falkenstein** >
**Wörth** > **Wiesent** > **Walhalla** >
**Donaustauf** > **Regensburg**

**Länge:** 3–4 Tage, ca. 100 km
**Praktische Hinweise:**
Die Strecke fährt man am besten mit dem Pkw, bei Nittenau
lohnt sich für Bootfahrer ein
Zusatztag auf dem Regen, Rad-
lern bietet der Rundweg Oberpfälzer Seenland eine schöne
Verlängerungsmöglichkeit.
Leichte Wanderschuhe sollten
auf alle Fälle mit ins Gepäck!

Ein würdiger Ausgangspunkt für
eine Reise durch die sanfteren
Landschaften des Bayerischen
Waldes ist **Neunburg vorm Wald**
> S. 65 mit seiner Pfalzgrafenburg.
So in Stimmung gebracht, geht es
weiter zu den beiden eindrucksvollen Ruinen der Burgen **\*Kürnberg** und **Schwärzenberg** > S. 66.
Nach einem erfrischenden Abstecher zum **\*Hammersee** > S. 66
wird **\*Nittenau** > S. 67 erreicht.
Die Stadt besitzt gleich drei Burgen – Stockenfels, Hof und Stefling. Um die Atmosphäre und die
herrliche Landschaft richtig zu
würdigen, sollte man ein oder
zwei Nächte bleiben – erst recht
während der Festspielzeit, wenn
man mit blutrünstigen Henkern,
fiesen Bierpanschern, Geistern
und Hexen Bekanntschaft macht.
Nach solchen Schreckgestalten
lässt man sich anderntags gern in
**\*Walderbach** und **Reichenbach**
> S. 68 von klösterlich-barocker
Pracht umfangen. Ein Abstecher
zur **Ruine Lobenstein** vervoll-
ständigt die Sammlung der Burgen und erlaubt einen herrlichen
Blick auf den Vorderen Bayerischen Wald. Besonders gut erhalten mit Burghof und Weiberwehr
ist **\*\*Burg Falkenstein** > S. 69,
die auch zeigt, wie die weiten Ausblicke in die Donauebene strate-
gisch klug von den Burgenbauern
genutzt wurden. Nun geht es hinab an den Fluss nach Wörth an
der Donau und gleich weiter nach
Nepal – genauer gesagt zum Nepal-Himalaya-Pavillon in **\*Wiesent** > S. 70, der seit der Expo
2000 dort steht. Hoch über der
Donau thronen am Weg noch die
Ruhmeshalle **\*Walhalla** > S. 71
und nahebei die Burg **\*Donaustauf** > S. 71, bevor **\*\*\*Regensburg** > S. 126 erreicht ist, für das
man mindestens noch einen ganzen Tag einplanen sollte.

Der Nepal-Himalaya-Pavillon
in Wiesent

# Unterwegs im Naturpark

## Cham 🔳

Zwischen den Bergen des Vorderen und Hinteren Walds liegt die Stadt am Regenbogen – die Kreisstadt Cham am uralten Handelsweg von Bayern nach Böhmen. Wahrzeichen der Stadt ist das wuchtige Biertor direkt am Ufer des Regen. Cham zählt als Wirtschafts- und Verwaltungszentrum gut 17 000 Einwohner. Franzbranntwein und Käse, Bettfedern und Holz nehmen von hier ihren Weg in die Welt.

### Über die Florian-Geyer-Brücke zum Biertor

Am Westufer des Regen, im ehemaligen städtischen Armenhaus von 1512 befindet sich heute das **Museum S.P.U.R.** mit Werken zwischen Expressionismus und Informel (Schützenstraße 7; Mi, Sa, So, Fei 14–17 Uhr, zwischen So nach Dreikönig und Ostern geschl., Eintritt frei). Die Florian-Geyer-Brücke führt zum in kräftigem Orangerot strahlenden **Biertor** aus dem 14. Jh. Direkt daneben lag die Burg, in die im 17. Jh. eine kurfürstliche Weißbierbrauerei einzog. 300 Jahre braute man hier Bier – daher wurde aus dem Burgtor ein Biertor!

### Am Marktplatz

Über die Kloster- und Rosenstraße gelangt man zum Marktplatz mit dem **Brunnen.** Sagengestalten wie Waldhexe und Bilmesschneider, der mit Sicheln an den Beinen als die personifizierte Missernte gilt, umringen die Figur von Graf Nikolaus von Luckner. Geboren in Cham, stand er als Marschall in französischen Diensten. Ihm zu Ehren komponierte Rouget de Lisle die Marseillaise, die jeden Tag um 12.05 Uhr vom Rathaus erklingt.

Mit dem im 14. Jh. errichteten Langhaus grenzt das **Rathaus** an den Marktplatz. Eine Säule an der Ostecke markiert den ehemaligen Pranger. Der Westbau mit Stufengiebel wurde rund hundert Jahre später hinzugefügt.

Um 1210 wurde die **\*Stadtpfarrkirche St. Jakob** erbaut. Nur der Turm und Teile des Chorbaus stammen noch aus der gotischen Frühphase; nach mehreren Stadtbränden und dem Einfall der Panduren erhielt die Kirche im 18./19.

Das Biertor über dem Regen

Der Brunnen am Marktplatz. Die Figur in der Mitte stellt Graf Luckner dar

Jh. ihr heutiges Aussehen. Im Inneren tritt der hl. Jakob als Pilger mit Stab, Jakobsmuschel, Mantel und Pilgerhut dem Besucher entgegen. Ein Seitenaltar ist dem »Prager Jesulein« geweiht, einer wundertätigen Kind-Jesu-Statue aus dem 16. Jh., die sich im Karmeliterkloster zu Prag befindet.

## Kultur im Cordonhaus

Nach Süden gelangt man vom Kirchplatz vorbei am Straubinger Turm zum ehemaligen Zehentstadel, in dem seit 1982 das Kulturzentrum von Cham zuhause ist. Zeitgenössische Kunst ist dem Haus ein besonderes Anliegen, aber auch ein Blick in die Geschichte: Dass schon im 4. Jt. v. Chr. Siedler in der Talsenke am Regen lebten, belegen die Funde im zweiten Stock des Museums. (Propsteistr. 46, Mi–So 14–17, Do 14–19 Uhr, Tel. 0 99 71/80 34 96, Eintritt frei.)

## Altenmarkt

Im Stadtteil Altenmarkt steht die liebevoll restaurierte **Klostermühle** von 1135. Heute sind darin eine gute Stube, eine Schänke, ein kleiner Biergarten und ein Laden für regionale Lebensmittel eingerichtet. Auf dem Speisezettel stehen Gerichte wie Fuchsnfouda oder Hollerkoch. (Altenmarkt 6, Do, Fr 9–19, Sa 9–13 Uhr, Bewirtung an Aktionstagen oder auf Bestellung, Tel. 0 99 71/76 08 71, www.klostermuehle-altenmarkt. de, ●●).

Von Altenmarkt nach Westen erstreckt sich in der Regentalaue ein Vogelschutzgebiet ersten Ranges: Das **\*Naturschutzgebiet Rötelseeweiher** um Laichstätt ist europaweit als Brutgebiet für über 100 Vogelarten einzigartig. Viele gefährdete Arten wie Schwarzhalstaucher, Blaukehlchen oder Drosselrohrsänger sind hier zu beobachten.

## Churpfalzpark Loifling

Rund 7 km südwestlich von Cham kommen Kinder und Eltern voll auf ihre Kosten: Im weitläufig als **üppig blühende Gartenlandschaft angelegten Freizeitpark** locken verschiedene Fahrgeschäfte, ein Märchengarten und eine Wildwasserbahn (Ostern bis Mitte Okt, www.churpfalzpark.de).

### Unterkunft

■ **Wellness Oase Randsberger Hof**
**Randsbergerhofstr. 15–19**
**Tel. 0 99 71/8 57 70**
**www.randsbergerhof.de**
Das beste Haus am Ort verwöhnt mit ausgesuchter regionaler Küche, Forever-young- oder Wellness- und Beauty-Angeboten, Sauna, Aromadampfbad und Hallenbad. ●●

■ **Hotel am Regenbogen**
**Schützenstr. 14**
**Tel. 0 99 71/84 93**
**www.hotel-am-regenbogen.de**
Ganz in der Nähe des Biertors liegt das freundliche kleine Hotel mit Spielplatz, Biergarten, Liegewiese und Kegelbahnen. Zum Haus gehören eigene Fischgewässer. ●

### Restaurants

■ **D'Wasserwirtschaft**
**Oberer Regenanger**
**Tel. 0 99 71/86 24 24**
Bayerisch-deftige Küche oder vegetarische Schmankerl? Drinnen oder draußen? Anreise per Auto, Radl, zu Fuß oder per Boot? Hier ist alles möglich – und die preisgekrönte Küche lohnt den Weg allemal. ●●

■ **Bäckerei Hutterer**
**Witzelspergerstr. 21**
**Tel. 0 99 71/4 87 60**
Nur in Cham gibt's die originale Graf-Luckner-Torte aus Haselnuss-Biskuit, Rotwein-Marzipan-Creme und Schokolade!

### Aktivitäten

Der 6,6 km lange **Wanderweg** zwischen Cham und Burg Thierlstein ist eine Etappe des Pandurensteigs (schwarzes Schwert auf rotem Grund).

Im Churpfalzpark Loifling

# *Chammünster und Lamberg 2

Urkirche des Bayerischen Waldes wird das 739 von Mönchen aus Regensburg errichtete Gotteshaus von **Chammünster** gerne genannt. Missionare verbreiteten von hier aus die christliche Botschaft und trieben die Rodung und Kultivierung des Waldgebiets voran. Vom romanischen Bau der Marienkirche haben sich zwei Taufbecken erhalten, das Gotteshaus präsentiert sich in der barocken Umgestaltung des gotischen Neubaus. Zwei mächtige Türme flankieren den Eingang, im Inneren fasziniert ein Fresko mit einer Vorläuferszene des berühmten Totentanzes: Drei Könige in vollem Ornat stehen drei gekrönten Skeletten gegenüber. Zu dieser Mahnung an die Vergänglichkeit des Lebens passt das erst 1820 entdeckte Beinhaus aus dem 12. Jh.

Ein Wanderweg (ca. 2,5 km einfach) führt östlich hinauf zum **Lamberg** (601 m) mit der Wallfahrtskirche der hl. Walburga und einem Tiergehege. Von hier bietet sich ein schöner Blick zurück nach Cham und über das Tal des Regen.

# Im Regen-Tal

Der Bier- und Burgenstraße folgend kommt man von Cham südwärts nach **Miltach** 3. Justinian von Peilnstein gilt als Erbauer des Schlosses aus dem 16. Jh., in dem gut 300 Jahre später der Walddichter Maximilian Schmidt (❯ S. 38) lebte. Heute beherbergt das Haus oberhalb des Perlbachs viel Kultur: Im Obergeschoss ist die alte Geschichte zu bewundern, im Erdgeschoss verführt eine Keramikwerkstatt zum Kaufen, eine Gaststube zum Essen und Trinken. Jazz im Keller lockt des Abends Gäste an den Stadtrand (Chamerstr. 9, Tel. 0 99 44/ 30 50 44, www.schloss-miltach.de, April–Okt. Di–Do, So 13–17 Uhr, Nov.–10. Jan., März So geschl.).

**Blaibach** 4, das man auch das »schönste Dorf im Landkreis Cham« nennt, ist Ausgangspunkt ==für Bootsfahrten oder Spaziergänge auf und um den *Blaibacher See== und weiter zum **Höllensteinsee.** (Kanuverleih bei aqua hema, ❯ S. 19).

Eine kleine Rokokokirche lohnt in **Weißenregen** 5 den Besuch: Zu ihrer reichen Ausschmückung gehört die im 16. Jh. geschnitzte Holzkanzel mit Fischernetzen und Holzfischen.

**Feriendorfanlage Schlossberg**
**Am Kellerberg 91**
**93499 Zandt**
**4 km westl. von Miltach**
**Tel. 0 99 44/40 30**
**www.schlossberg.de**
Ferienhäuser und Appartements – teils rollstuhlgerecht – sind liebevoll eingerichtet. Hallenbad und Squash-/Tischtennishalle, Miniclub und Streichelzoo. Für Hundebesitzer gibt's Häuser mit Zaun um den eigenen Garten. ●

# *Bad Kötzting 6

Die **\*Kirchenburg** aus dem 12. Jh., hoch über dem Weißen Regen, war einst ein mit Wassergraben und Ringmauer gesichertes Schloss. Die dazu gehörende Kirche wurde bereits 1179 erwähnt, zeigt heute aber eine barocke Ausstattung. Über dem alten Schlossverließ illustriert ein kleines Museum den Brauch des Pfingtsritts (Herrenstr. 11, Juni bis Okt. Sa, So 10–12, 14–16 Uhr, Nov.–Mai nur So). Über die Herrengasse gelangt man zum **Alten Rathaus** mit seinem Glockenspiel, das täglich um 11 Uhr 20 Glocken erklingen lässt.

Als jüngstes Kneippheilbad Bayerns hat sich Bad Kötzting der Gesundheit verschrieben. Das moderne **Aqacur-Bad** lockt mit Hamam und bezahlbaren Wellnessangeboten (❯ Special S. 91). Die **Klinik für Traditionelle Chinesische Medizin** bietet neben Akupunktur und Qigong spezielle Arzneien und Ernährung (www.tcm.info).

Nicht nur für Pferdefreunde ein Erlebnis sind der **traditionelle Pfingstritt** in historischen Trachten (❯ S. 35) und der Rosstag am letzten Augustsonntag, an dem Haflinger und Kaltblutpferde aus ganz Bayern zu einer eindrucksvollen Parade kommen.

**1** Ein absolutes Muss für alle, die im Juli/August in der Region Urlaub machen, sind die **Waldfestspiele von Bad Kötzting.** Auf der Bühne in der Waldlichtung am Ludwigsberg agieren Schauspieler unter Leitung von Johannes Reitmeier in »Klassikern auf Bayerisch« – Schiller, Shakespeare und Goethe stehen auf dem Spielplan, selbst an ein Musical hat man sich gewagt! Die fast schon professionelle Truppe verspricht Unterhaltung auf Topniveau (www.waldfestspiele.de).

Bad Kötzting, das jüngste Kneipp-Heilbad Bayerns

Pfingstritt in Bad Kötzting

## Unterkunft

■ **Hotel Bayerwaldhof**
Liebenstein 25
93444 Bad Kötzting
Tel. 0 99 41/94 79 50
www.bayerwaldhof.de
Lassen Sie sich in gediegener Atmosphäre verwöhnen; großes Schwimmbad, Sauna und schöner Wellness-Bereich. Gastpferdeboxen. ●●●

■ **Zur Post**
Herrenstr. 10
Tel. 0 99 41/66 28
www.posthotel-bad-koetzting.de
Das Haus in der Altstadt bietet eine freundlich-rustikale Atmosphäre, gute Küche und einen schönen Biergarten. ●●

■ **Familiendorf Wildgatter**
Kaitersbergerweg 27
93479 Grafenwiesen
Tel. 0 99 41/60 80
www.wildgatter.de
Die Familienhäuschen direkt am Badesee nördlich von Kötzting sind mit fünf Bären ausgezeichnet. Für die Kleinen gibt's ein Indianerlager, für die Großen das VitalStudio. ●

## Shopping

**Brennerei Liebl**
Jahnstr. 11–15 ][ Tel. 0 99 41/1321
www.baerwurzerei-liebl.de
Mo–Fr 8–18, Sa 8–13 Uhr
Bad Kötzting ist bekannt für seine Traditionsbärwurzereien. Wie die preisgekrönten Schnäpse der Bernnerei Liebl gemacht werden, zeigt ein Besuch in der Gläsernen Schaubrennerei.

## Nightlife

■ Die moderne **Spielbank** bringt mit Spieltischen und Shows Glamour in den Wald (Untere Au 2, So–Do 15–2, Fr, Sa 15–3 Uhr).

■ Die **Riesendisco Flash** zieht Musik- und Tanzwütige an (〉 S. 41).

# **Lamer Winkel

Eine der landschaftlich reizvollsten Gegenden im nördlichen Bayerischen Wald wird umrahmt von Kaitersberg, Arber, dem Künischen Gebirge mit dem Großen und Kleinen Osser, sowie dem Höhenzug des Hohen Bogen. Lam, Lohberg und Arrach sind die Hauptorte in diesem abgeschiedenen Tal.

Für Wintersportler ist hier gut gesorgt: Zwei Skilifte im **Wintersportgebiet Eck-Riedelstein,** 6 km südlich von Arrach, bringen Sie auf die richtige Höhe, Langläufer finden oben den Start der Auerhahn-Höhenloipe (Schneeinfo: Tel. 0 99 45/9 05 70 10, www.skieck.de).

Schneeschuhtouren sind ideal für alle, die sich in ruhigem Tempo dem Winterwald nähern wollen. Die 5 km lange Lohhäusltour

(2–3 Std. Gehzeit) und die Bramersbachtour (7 km, 3–4 Std.) sind im Süden von Lohberg ausgeschildert.

## Arrach 7

Der Erholungsort am westlichen Zugang zum Lamer Winkel bietet sich als idealer Ausgangspunkt für viele Wanderungen an, aber auch als Zwischenstopp auf dem Goldsteig und dem Gläsernen Steig sowie am Lamer Winkel-Arber-Radweg. Im Sommer ist der großzügig angelegte Seepark mit Badesee, Insel, Spazierwegen und Beachvolleyplatz Garant für die richtige Urlaubsstimmung (www.seepark-arrach.de).

### Unterkunft

**Arracher Hof**
**Lamer Str. 70**
**93474 Arrach**
**Tel. 09943/1895**
**www.arracher-hof.de**

Schon von außen wirkt der Hof freundlich und einladend – ein Versprechen, dass die aufmerksame Betreuung im Haus einlöst. Als Gehnuss-Gastgeber empfängt man gerne Wanderer auf der Durchreise. ●—●●

## Lam 8

Der Luftkurort liegt in einem traumhaften Wandergebiet zwischen Kaitersberg und Künischem Gebirge. Im 13. Jh. lockten Fürsten, Bischöfe und Könige mit vielen Vergünstigungen Bauern und Handwerker in den Wald. Die Schenkung von Waldgebieten an die Benediktiner von Rott am Inn brachte um 1280 Mönche und Siedler in die Region. Der böhmische Herzog Wratislaw machte bayerische Rodungsarbeiter zu Freibauern, die nur dem König unterstellt waren: königliche, im Dialekt künische Bauern. Im 19. Jh. verloren sie zwar ihre Privilegien, der Name aber blieb er-

Blick in den Lamer Winkel

Wildkatze im Tierpark Lohberg

halten: Das Künische Gebirge erstreckt sich vom Zwercheck bis zum Kleinen und Großen Osser entlang der Grenze zwischen Deutschland und Tschechien.

Was die Berge alles zu bieten haben, erahnt man in zwei Museen: Im **Mineralienmuseum** entfalten Tausende von Mineralien ihre zauberhafte Farben- und Formenwelt (Daxenhöhe 2, tgl. 9–12, 13–18 Uhr). Im **Historischen Bergwerk Fürstenzeche** glitzert Silber an den Stollenwänden, die Therapiestollen bieten Hilfe bei Atemwegserkrankungen (Zechenstr. 14 a, Tel. 09 91/81 54, www. fuerstenzeche.de, April–Okt. Führungen tgl. 12–16 Uhr zur vollen Stunde).

Für Schwindelfreie wurde der **Hochseil-Kletterpark Lam** eingerichtet, › S. 18.

### Unterkunft

■ **Best Western Premier Hotel Sonnenhof**
**Himmelreich 13 ][ 93462 Lam**
**Tel. 0 99 43/3 70**
**www.sonnenhof.bestwestern.de**

Gediegene Atmosphäre, komfortable Zimmer, zwei Restaurants und 1500 m² Bade- und Saunalandschaft garantieren einen entspannten Aufenthalt. ●●

■ **Gasthof Pension Rösslwirt**
**Engelshütter Str. 1**
**93462 Lam**
**Tel. 0 99 43/12 75**
**www.roesslwirt.de**

In Gasthof und Ferienhaus liegen hell und freundlich ausgestatte Zimmer bzw. Ferienwohnungen. Von der schönen Terrasse genießt man herrliche Ausblicke auf die Umgebung. Wanderer sind willkommen. Hauseigene Metzgerei. ●

### Restaurant

**Waldlerhaus**
**Himmelreich 23**
**93462 Lam**
**Tel. 0 99 43/89 12**
Mai-Okt, tgl. 11–1 Uhr,
sonst tgl. 18–1 Uhr
Salate, Brotzeiten und eine große Pizza-Auswahl gibt's in dem urigen ehemaligen Waldbauernhaus, bis 23 Uhr auch zum Mitnehmen. ●

## Lohberg 🄱

Mit dem charakteristischen Gipfel des Großen Osser, dem artenreichen Bayerwald-Tierpark, der Sellner Glashütte und dem Kleinen Arbersee in der Umgebung ist Lohberg ein attraktives Urlaubsziel.

Im **\*Bayerwald-Tierpark** leben rund 100 Tierarten, die im Bayerischen Wald heimisch sind oder waren. Dazu zählen Elche, Wisente, Wölfe (Fütterung 15.30 Uhr), Hirsche und die extrem scheuen und in freier Wildbahn fast nie zu beobachtenden Wildkatzen und Luchse. Auch Auerhuhn, Uhu, Geier und Störche sind im Park zu bewundern. Informationen über die Lebensweisen der Tiere, Nachzucht und Schutz bedrohter Arten sind die drei Ziele, die man im Tierpark verfolgt. (Tgl. 9–17 Uhr, www.bayerwald-tierpark.de)

Theo Sellner gehört zu den bekannten Glaskünstlern aus dem Bayerischen Wald, der in Lohberg 1998 seine eigene Kunstglashütte eröffnete. Mittlerweile liegt die Leitung der *Glashütte Alte Kirche bei Hubert Hödl, doch auch andere Künstler finden sich hier ein, um mit alter Technik neue gläserne Kunst zu produzieren. (Brennerstr. 1, Tel. 0 99 43/90 28 30, www.glashuette-alte-kirche.de, Mo–Fr 10–17, Sa, So 10–16 Uhr.)

## Unterkunft

### Landgasthof zum Tierpark

**Schwarzenbachstr. 4**
**93470 Lohberg**
**Tel. 0 99 43 / 90 50 93**
**www.landgasthof-zum-tierpark.de**
Schön gelegen zwischen Tierpark und Weißem Regen, bietet das Haus moderne Ausstattung. Im Restaurant (tgl. 11–22 Uhr) lockt die Riesenschnitzelauswahl – sogar für Vegetarier! <mark>Hunde sind willkommen,</mark> für sie gibt es eigene Hunde-Wandertage! ●

Echt gut!

## Restaurant

### Berggasthof Mooshütte

**Mooshütte 3** ][ **93470 Lohberg**
**Tel. 0 99 43/90 50 30**
Bekannt für feine Bio-Kräuter aus dem hauseigenen Aroma- und Kräutergarten ist die Küche der Familie Kirchberger. Im Glashüttengut aus dem 17. Jh. kann man gut bayerisch speisen und zünftig übernachten. ●

## Wandern zu Räuberhöhle und Märchenschloss

Räuber, Rauchröhren und ein Dichter warten auf der anspruchsvollen Wanderung von Lam nach Gotzendorf (16 km, Höhenunterschied 620 m, ca. 7 Std.). Verhalten beginnt der Anstieg über Vorderöd (L 6) nach Eck (A 6/A 10) und weiter zum Waldschmidt-Denkmal auf dem Großen Riedelstein mit herrlicher Aussicht. Westlich passiert man die Rauchröhren, lotrechte Felsformationen mit Klettersteigen von Grad 3 bis 11. Über die Steinbühler Gesenke geht's zur Kötztinger Hütte (Einkehrmöglichkeit, Tel. 0 99 46/2 90). Als Versteck nutzte der Räuber Michael Heigl (1816–1857) die Höhle unterhalb des Kreuzfelsens (Wegmarke RH oder Goldsteig). Nach steilem Abstieg erreicht man den Reitenberg und schließlich Gotzendorf. Von dort fährt ein Bus zurück nach Lam.

Am Nordrand von Lam beginnt ein etwa 9 km langer, leichter Rundweg (Höhenunterschied 130 m, Gehzeit ca. 2,5 Std.). Über die Lamer Straße geht's zum Baumlager mit tollem Blick auf Lam. Nach Hinterschmelz steigt der Weg sanft an und führt durch den Wald zum Glasmacherdorf Lambach mit Märchen- und Gespensterschloss (April–Okt. tgl. 10–17 Uhr, Tel. 0 94 91/23 17, www.maerchenschloss-lambach.de).

Schwimmende Inseln im Kleinen Arbersee

 **\*\*Kleiner Arbersee** 🔟

Einer der schönsten Karseen im Bayerisch-Böhmischen Waldgebirge liegt 918 m hoch. Schwingrasen – Moorfilze, die sich durch das Aufstauen des Sees vom Ufer lösten – bildet drei schwimmende Inseln, die bedrohten Pflanzen und Tieren wie Biber und Auerhuhn Heimat bieten. Der Weg Lo3 beginnt in Lohberg und führt über Zackermühle durch die Waldschlucht des Sollerbachs in 2 bis 3 Std. zum See. Der Rundweg (30 Min.) um den See bietet viele schöne Blicke, das Seehäusl (Ostern–Okt., Tel. 0 99 43/13 85) Kraft für den Weiter- oder Rückweg. Den Wanderer lockt entweder noch der Aufstieg auf den Kleinen Arber (1384 m E 6) oder die Fortsetzung Richtung Brennes (ca. 1 Std., Anstieg auf 1170 m Lo3, von dort Bus nach Lohberg). Wer's gemächlicher mag: Von Ostern bis Oktober fährt die Kleine Arberseebahn hinauf zum See (Lamerstr. 23, tgl. ab 9.30 Uhr, www.kleine-arberseebahn.de).

## Der \*Große Osser 🔟

»Matterhorn des Bayerischen Waldes« wird der Berg (1293 m) genannt. Anders als seine aus Granit und Gneis geformten Nachbarn besteht er aus glitzerndem Glimmerschiefer. Das brachte ihm die Aufnahme in die Schönheitengalerie der Top-Geotope Bayerns ein. Da in der bizarr verwitterten Gipfelregion keine Bäume wachsen, bietet sich von dort eine einmalige Rundumsicht. Der Rundwanderweg Osserpfad (Lo1, 7 km, 4–5 Stunden, mittelschwer) beginnt beim Parkplatz Oberlohberg. Nach dem letzten steilen Anstieg zum Gipfel ist die Osserschutzhütte eine willkommene Rastmöglichkeit (Mai–Okt., Tel. 0 99 43/7 77). Beim Abstieg sorgt ein Erlebnispfad für Einblicke in die Ökologie.

# Neukirchen beim Heiligen Blut 🔢

Ein Hussit soll im 15. Jh. der Legende nach einer Marienfigur einen Hieb versetzt haben, worauf aus dem hölzernen Bildnis Blut quoll. Dieses Wunder brachte zahllose Pilger in die Stadt und zur Wallfahrtskirche Mariä Geburt. Eine heilkräftige Quelle unter der Kirche trug zur weiteren Attraktivität des wichtigsten Wallfahrsortes im Wald bei. Seit der Grenzöffnung zu Tschechien nehmen auch viele Gläubige aus dem Nachbarland an der Wallfahrt teil – unter anderem Angehörige der Volksgruppe der Choden in ihren schönen Trachten. Die Choden sind Nachfahren böhmischer Freibauern aus der Region um Domažlice/Taus.

Das *Wallfahrtsmuseum ermöglicht tiefe Einblicke in katholisches Glaubensgut und den Ablauf einer Wallfahrt.

Der Bergrücken des *Hohen Bogen westlich von Neukirchen ist bei Sommer- und Wintersportlern gleichermaßen beliebt: Gras-Kartfahrten, Sommerrodelbahn (750 Meter Länge), Inlineskating, Skisprunganlage (auch im Sommer!) und großer Kinderspielplatz sorgen in der schneefreien Zeit für Spaß. Im Winter bringen Sesselbahn und Schlepplift Skifahrer, Rodler und Snowboarder auf gut 1000 m Höhe. (Leichte bis schwere Pisten, 15 km Loipen, Flutlicht, Tel. 0 99 47/464, www.hohenbogen.de)

## Unterkunft

**Waldlerhaus Neumeier**
Schicherhof 5
93453 Neukirchen b. Hl. Blut
Tel. 0 99 47/13 48
Gemütliche Ferienwohnungen in einem
Original-Waldlerhaus. ●

## Restaurants

■ **Waldschlössl**
Waldschlösslstr. 12
Tel. 0 99 47/12 06
www.hotel-waldschloessl.de
Tradition und Innovation am Herd –
dafür stehen Vater und Sohn Maurer.
Ente, Reh und Spanferkel sind legendär, die Bayerwald-Bouillabaisse eine der spannenden Novitäten. ●●

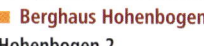

■ **Berghaus Hohenbogen**
Hohenbogen 2
Tel. 0 99 47/6 21
An Kaiserschmarrn oder a deftige Hütt'nbrotzeit, dazu a Stamperl Bärwurz oder a Weltenburger Klosterbier – auf dem 1050 hohen Ahornriegel gibt's echt Bayerisches! Im November geschlossen. ●

Gipfelstürmer belohnt der Große Osser mit Panoramablick

# *Furth im Wald 13

Weithin berühmt ist der Ort aufgrund des **Drachenstichs,** des ältesten Festspiels im Bayerischen Wald. In historischen Kostümen werden an den Augustwochenenden die Schrecken der Kriege – angefangen von den Hussitenkriegen über den Dreißigjährigen Krieg bis zum Österreich-Spanischen Erbfolgekrieg – wieder lebendig. Der Kampf des edlen Ritters Udo gegen den grausamen Drachen wird auf der Freilichtbühne gebannt von Tausenden von Zuschauern verfolgt. Am ersten Festspielsonntag findet ein großer historischer Umzug statt, den Abschluss der Spiele bildet das große Mittelalter-Lager Cave Gladium (www.drachenstich.de)

Noch mehr zum Thema Drachen bietet das **Echt gut!** **Erste Deutsche Drachenmuseum** im Landestor-

museum mit veritabler Drachenhöhle! Außer über monströse Echsen informiert das Museum auch über die bayerisch-böhmische Grenzgeschichte und die Glasstraße. (Schlossplatz 4, Tel. 0 99 73/5 09 80, im Sommer Di bis So 10–17, sonst Di, Do 14–17, Sa, So 10–12, Uhr.)

Eine neue Attraktion ist der **Drachensee,** der Segler, Surfer, Schwimmer, Radler und Wanderer gleichermaßen anzieht.

Der **Further Wildgarten** will Mut zur Wildnis wecken, v.a. soll dabei die heimische Natur mit Unkentümpel, Eidechsenhügel, Sumpfweg, Schädelwald oder Spinnenbaum erkundet werden. In der Unterwasser-Beobachtungsstation kann man Hechte und die kleinen Moderlieschen bestaunen. Mit zwei Umweltpreisen wurde das Projekt ausgezeichnet. (Daberger Str., www.wild-

Spektakulär, aber ungefährlich: Drachenstich in Furth im Wald

garten.de, tgl. von Sonnenauf- bis Sonnenuntergang, Führungen Mai–Sept. Di, Do, So 14 Uhr.)

### Unterkunft

**Hotel Habersaign**
**Haberseigen 1** ][ **Tel. 0 99 73/38 23**
**www.hotel-habersaign.de**
Im freundlich-rustikal eingerichteten Haus ist man besonders auf sportliche Gäste eingestellt, z.B. mit Unterstell- und Werkstatträumen für Fahräder und Ski. ●●

# Waldmünchen 14

Nur wenige Kilometer sind es von Waldmünchen bis zur tschechischen Grenze. Seit einigen Jahren ist man auf beiden Seiten sehr um eine Zusammenarbeit in Umweltschutz und Wirtschaft bemüht. Herausgekommen ist dabei beispielsweise das Projekt »Lebensachse Schwarzach«: Der Fluss verbindet beide Länder, ein grenzübergreifender Radweg erschließt die herrliche Landschaft. Bioenergie ist ebenfalls auf beiden Seiten ein großes Thema – Raps und Holz spielen hierbei eine wichtige Rolle.

Die meisten Besucher werden Waldmünchen jedoch als Trenck-Stadt kennen, findet hier doch jedes Jahr im Juli/August das große Freiluftspektakel **Trenck, der Pandur** (❯ S. 40) statt.

Die Hintergründe der Geschichte vermittelt das **Grenzland- und Trenck-Museum** (Marktplatz 16, Mitte März bis Okt. sowie Mitte Dez.–Mitte Jan. Di, Sa, So 14–17 Uhr).

### Unterkunft

**■ Landhotel Gruber**
**Von-Voithenberg-Str. 7**
**93449 Waldmünchen-Herzogau**
**Tel. 0 99 72/14 39**
**www.landhotel-gruber.de**
Die **großzügigen Zimmer mit Terrasse oder Balkon** sind ansprechend  ausgestattet, der gepflegte Garten verführt zum Entspannen, und das Restaurant serviert nicht nur regionale Küche, sondern bietet auch eine fantastische Aussicht! Viele Sportangebote; Gehnuss-Hotel, spezielle Golfarrangements. ●—●●

## Die originellsten Museen

■ Im **Wallfahrtsmuseum** in Neukirchen b. Hl. Blut wird die Geschichte um die blutende Madonna lebendig. ❯ S. 61

■ Das **Drachenmuseum** in Furth im Wald zeigt Fabelwesen aus der ganzen Welt. ❯ S. 62

■ Bauernhäuser verschiedener Zeiten versammeln sich zum Bilderbuchdorf im **Freilichtmuseum Finsterau.** ❯ S. 108

■ Handelskarawanen Europas zogen mit Salz und Glas durch den Wald – veranschaulicht im **Museum Goldener Steig** Waldkirchen. ❯ S. 113

■ Bunte Bixl in Hülle und Fülle kann man im **Schnupftabakmuseum** in Grafenau bestaunen. ❯ S. 117

■ Dem Leben der Kelten nachspüren kann man in **Gabreta.** ❯ S. 117

■ Es glänzt und glitzert, der Zeitreisen-Fahrstuhl ruckelt in die Vergangenheit: Die **Stein-Welten** in Hauzenberg vermitteln vergnügliche Erdkunde. ❯ S. 123.

■ **Campingpark Perlsee**
**Alte Ziegelhütte 6**
**93449 Waldmünchen**
**Tel. 0 99 72/14 69**
**www.see-camping.de**
Am bewaldeten Seeufer genießt man
beim Campen die Natur. Waschräume
mit Fußbodenheizung, Waschmaschi-
nen, Kühlschränke. ●

**Aktivitäten**

■ Die erste Etappe auf dem **Pandu-
rensteig** (schwarzer Säbel auf rotem
Grund) führt von Waldmünchen nach
Cham (23 km, ca. 6 Std.).
■ Nördlich der Stadt lädt der **Perlsee**
zum Baden und Segeln ein, an seinen
Ufern findet sich auch ein **Natur-
hochseilpark** (www.die-erlebnis-
akademie.de, › S. 18).
**Echt gut!** ■ Das Skigebiet Gibacht-Voithen-
berg mit 5 Liftanlagen, 70 km Loipen,
Pferdeschlittenfahrten und Winter-
camping liegt zwischen Waldmünchen,
Furth i. W. und den tschechischen
Nachbarorten um den Berg Čerchov.

Das Schauspiel »Der Guttenstei-
ner« in der Schwarzenburg

■ Im Erlebnisbad **Aquafit** bieten im
Innenbereich Sport-, Freizeit-, Kinder-
und Solebecken Abwechslung, draußen
locken Wildwasserkanal und Liegewiese. (www.erlebnisbad-aquafit.de)

# Rötz ⑮

Ritterpracht und Ritterelend
könnte man das **Festspiel von
Rötz** Anfang Juli bis Mitte August
auch nennen, spielt es doch zu
einer Zeit, als das Rittertum im
16. Jh. unaufhaltsam seinem Ende
entgegenging. Schauplatz ist die
historische Burgruine Schwarzenburg aus dem 11. Jh., von der aus
Heinrich von Guttenstein Anfang
des 16. Jhs. seine gefürchteten
Raubzüge unternahm. (Tourist-
Info Rötz, Tel. 0 99 76/90 20 73,
www. schwarzenburg-festspiele.
de.)

Etwas westlich von Rötz zeigt
das **Museum in Hillstett** mit
Werkstätten und einem Hammer-
werk viel Anschauliches rund
ums Handwerk – besonders inter-
essant ist auch die Arbeit der
Scheibenglasmacher (Hillstett 52,
April–Okt. Di–So 14–17 Uhr).

**Unterkunft**

**Die Wutzschleife Hotel & Resort**
**Hillstett 40**
**92444 Rötz**
**Tel. 0 99 76/1 80**
**www.wutzschleife.com**
Köstliches Essen, Wellness, authen-
tisches Ayurveda und eine 18-Loch-
Golfanlage – im ehemaligen Anwesen
der Glasschleiferei Wutz ist eines der
besten Hotels und Restaurants im
Bayerischen Wald untergebracht. ●●●

# Unterwegs im Bayer. Burgenland

## Neunburg vorm Wald und Umgebung

### Neunburg v. Wald

Direkt an der Südroute des Goldsteigs und an der Grenze zwischen Bayerischem und Oberpfälzer Wald liegt die ehemalige Pfalzgrafenresidenz mit ihrer schönen Altstadt direkt an der Schwarzach. Das Stadtbild wird geprägt von der **Schlossburg**. Im Burghof erhebt sich die Kirche St. Josef, die vom Pfalzgrafen Johann gestiftet wurde, der 1433 die Hussiten aus der Region vertrieb. Die Erinnerung an diese Zeit wird beim sommerlichen **Festspiel** »**Vom Hussenkrieg**« lebendig (Wochenenden im Juli und Anfang August, www.hussiten.de).

Die romanische Stadtkirche **St. Jakob** aus dem 11. Jh. im ältesten Stadtteil Aign gehört zu den wenigen nicht im Hussitensturm oder Dreißigjährigen Krieg zerstörten frühen Gotteshäusern der Region.

### Unterkunft

■ **Landhotel Birkenhof**
Hofenstetten 55
92431 Neunburg v. Wald
Tel. 0 94 39/9 50-0
www.landhotel-birkenhof.de
Lassen Sie sich stilvoll verwöhnen – von den gepflegten Zimmern und Suiten über das große Wellnessangebot bis zur erlesenen Küche. Chef Hubert Oberndorfer zaubert immer neue bayrische, asiatische oder mediterrane Gaumenfreuden. ●●—●●●

■ **Ferienwohnungen Untermurnthal**
92431 Neunburg v. Wald
Tel. 0 96 72/92 46 87
www.untermurnthal.de
Wohnungen im Stammhaus, dem neuen Appartementhaus oder ein eigenes Ferienhaus stehen zur Auswahl – allesamt gemütlich eingerichtet und in absolut traumhafter Landschaft. ●

### Aktivitäten

■ **Golf- und Landclub Oberpfälzer Wald**
Kemnath bei Fuhrn/Ödengrub
92431 Neunburg v. Wald
Tel. 0 94 39/4 66
www.glcoberpfaelzerwald.de

■ **Kollerhof**
Poggersdorf 4
92431 Neunburg v. Wald
Tel. 0 96 72/22 24
www.kollerhof.de
Reiter sind hier gut aufgehoben: Reitunterricht, Ausritte, Reitabzeichen, Kutschfahrten oder Gastboxen für Pferde gibt es auf dem Reiterhof.

■ **Bootsverleih beim Panorama-Hotel am See**
Gütenland 22
92431 Neunburg v. Wald
Tel. 0 96 72/9 21 90

■ **Angler und Fliegenfischer** finden am Eixendorfer See oder an der Schwarzach gute Plätze; Info:
www.fischereiverein-neunburg.de

Der Hammersee bei Bodenwöhr ist ein beliebter Badesee

## *Eixendorfer See

Rund 100 ha groß ist der Stausee, der sich 6 km östlich von Neunburg erstreckt. Zum Hochwasserschutz angelegt, ist er längst ein beliebtes Freizeitparadies geworden: Radler, Wanderer, Angler und Segler fühlen sich hier zuhause. Ein 26 km langer Rundweg erschließt das gesamte Gebiet.

Das angrenzende romantische *Murnthal mit seinen von Erlen und Weiden gesäumten Ufern lockt ebenfalls zur Erkundung.

## *Kürnberg und Schwärzenberg

Südöstlich von Neunburg liegen zwischen Stamsried und Strahlfeld gleich zwei Burgruinen einsam im Wald: Die *Kürnberger Burg **17** wurde 1354 gegründet und schon 180 Jahre später von schwedischen Truppen erobert und zerstört. Dennoch blieben von der Hauptburg mit Kapelle und Turm eindrucksvolle Reste erhalten. Der herrliche Ausblick auf die Umgebung lohnt unbedingt einen Abstecher.

Nur wenige Jahrzehnte älter ist die Ruine **Schwärzenberg 18**, die im 14. Jh. Sitz des Raubritters Peter Fronauer war. Seine Kernburg lag auf einem Teil des Pfahl (❯ S. 31), auch als Baumaterial fand das helle Quarzgestein Verwendung. Die Lage der Burg mitten im Wald macht sie zum schönen Ziel für Wanderungen oder Touren mit dem Mountainbike.

## *Hammersee und *Bodenwöhr **19**

Malerisch liegt der freundliche Urlaubsort Bodenwöhr direkt an den langen Ufern des auffällig »ums Eck gebogenen« Hammersees. Mit seinen fast 8 km Länge zählt er zu den großen Seen im Bayerischen Wald. Seinen Namen verdankt er dem Umstand, dass schon vor Jahrhunderten mehrere Bachläufe aufgestaut wurden, um ein Eisen-Hammerwerk zu betreiben. Das Nordufer mit seinem dunklen Waldbestand bildet eine schöne Kulisse zum Baden, Rudern und Campen.

**Familienbrauerei Jacob**
Ludwigsheide 2 ][ 92439 Bodenwöhr
Tel. 0 94 34/94 10-0
www.brauerei-jacob.de
Mit viel Holz eingerichtete, helle Zimmer bietet die kleine Brauerei direkt am Hammersee. Dazu bayrische Küche und – natürlich – süffiges Bier! ●●

# *Nittenau [20]

Wahrzeichen der gut tausendjährigen Kleinstadt am Regen ist der gotische Storchenturm mit seinem markanten Treppengiebel. Nittenau ist eine freundliche Kleinstadt, die mit drei Burgen und zwei Klöstern in nächster Nähe und ihrer traumhaften Lage in der landschaftlich reizvollen **\*\*Regentalaue** punkten kann.

Als Sitz der einst mächtigen Familie der Hofer wurde **\*Burg Hof** im 12. Jh. erbaut. Die romanische Kapelle im untersten Geschoss erhielt um 1500 neue Malereien, die bis heute erhalten sind. Dichtes Rankenwerk überzieht die Seitenwände, an der Decke sind Bilder der Heiligen Barbara, Katharina, Georg und Petrus eingefügt. Im ehemaligen Bräuhaus befindet sich ein Informationszentrum zum Naturpark Oberer Bayerischer Wald.

120 m über dem Regental ragt auf Granitgestein die Ruine der aus dem 14. Jh. stammenden **Burg Stockenfels** auf. Immerhin kann als Mit-Bauherr der spätere Kaiser Ludwig der Bayer verzeichnet werden, ihm verdankt Stockenfels seine Kapelle. Später bemächtigten sich Raubritter der Burg, die man über den Drei-Burgen-Wanderweg von Nittenau erreicht.

Das hoch über dem Regen thronende **Schloss Stefling** – erstmals 996 erwähnt – stammt in seiner heutigen Form von 1784 und befindet sich in Privatbesitz.

Dreimal im Jahr werden die Burgen zum Schauplatz der **Geisterwanderung**, bei der kopflose Ritter, gruselige Hexen und erbärmliche Bierpanscher ihr Unwesen treiben (je ein Termin im Juli, August und September, www.geisterwanderung.de; › auch Exkurs S. 68). An den Tagen des offenen Burgtors zwischen Mai und Oktober sind Hof und Stockenfels zu besichtigen (Termine unter www.nittenau.de), ansonsten mit speziellen historischen Führungen nach Vereinbarung (www.der-kastellan.de.ms).

■ **Haflingerhof**
Harthöfl 1 ][ 93149 Nittenau
Tel. 0 94 36/88 88
www.haflingerhof-doll.de
Mit vier Bärchen ausgezeichneter Baby- und Kinder-Bio-Bauernhof, urige Ferienwohnungen, Ponys, Haflinger, Schweine und Schafe, eine Liegewiese und Grillplatz. ●

Kloster Reichenbach am Regen

■ **Gasthof-Pension Marienthal**
93128 Marienthal 3
8 km westlich von Nittenau
Tel. 0 94 36/9 00 47
www.gasthofmarienthal.de
Der Traditions-Gasthof liegt unterhalb
der Burg Stockenfels am Regenufer.
Spezielle Fisch- und Wildwochen
locken Gäste ins Restaurant, in den
rustikal eingerichteten Zimmern
wohnt es sich gemütlich. ●

**Restaurant**

**Brauereigasthof Jakob**
Hauptstraße 10 ][ 93149 Nittenau
Tel. 0 94 36/82 24
Do–Di 8–24 Uhr
Bayerische Küche vom Schweinebraten
mit Knödeln bis zum Fisch aus eigenen
Gewässern und dazu **Solarbier!**
Mit 94 % Sonnenenergie wird der
Gerstensaft gebraut – Naturgenuss
pur! ●—●●

Echt
gu

### Frevlerische Bierpanscher

Eine Todsünde ist es in Bayern, das Reinheitsgebot zu missachten. Gar Wasser ins Bier zu schütten – Pfui Deifi! Daher geschieht es solch frevlerischen
Panschern grad Recht, wenn sie allnächtlich fürchterliche Pein erleiden. Aus
den Tiefen der Hölle werden sie von Teufeln auf Leitern hinaufgetrieben auf die
Turmspitze der Burg Stockenfels. Mit einer Eimerkette müssen sie all das
Wasser, das sie einst ins Bier gossen, nun über den Burggraben schütten. Da es
sich nicht nur um heimische Übeltäter handelt und offenbar der Nachwuchs
nicht ausstirbt, leidet die Region um die Burg auch in trockenen Sommern nie
an Wassermangel. (Zu sehen bei der Geisterwanderung ❯ S. 67.)

# *Walderbach und Reichenbach

Östlich von Nittenau liegt **Kloster Walderbach** 🄯 am Regenufer. Ursprünglich ein Chorherrenstift der Augustiner, zogen hier 1143 die Zisterzienser ein. Abgabenfreiheit, Einnahmen aus zwei Wallfahrten und Zuwendungen der Landgrafen von Stefling brachten den Mönchen Ansehen. Disziplinlosigkeit, Krieg und Reformation setzten dem ein Ende – 1576 waren nahezu alle Mönche zum Protestantismus übergetreten und die Wallfahrten untersagt. Nach ihrer Rückkehr im 18. Jh. widmeten sich die Zisterzienser der Renovierung der romanischen Kirche St. Maria und Nikolaus.

1803 fiel der Besitz im Zuge der Säkularisierung an den Staat, weshalb das Klostergebäude heute das Heimatmuseum des Landkreises Cham beherbergt. Dort zeugt übrigens auch ein wenig bekanntes Gemälde von der Kunstfertigkeit des großen barocken Kirchenmalers Cosmas Damian Asam. Im barocken Festsaal finden klassische Konzerte statt (www.festliche-konzerte de).

Am anderen Ufer des Regen liegt **Reichenbach** 🄬. Graf Diepold II. gründete hier im Jahr 1118 eine Benediktinerabtei, dessen romanische Basilika im Inneren eine prachtvoll barocke Ausstattung zeigt (Mo–Mi, Fr 7.30–12, Do 13–18 Uhr). Heute wird das Kloster vom Orden der Barmherzigen Brüder geführt.

# **Burg Falkenstein 🄭

Waldwege mit Namen wie Herzbeutelgässchen, Teufelssteg und Himmelsleiter überspannen den granitenen Berg und führen zu einer der besterhaltenen Burgen im Bayerischen Wald. Erstmals 1074 erwähnt, gehört Falkenstein zu den frühen Anlagen, die von den Bischöfen aus Regensburg in Auftrag gegeben wurden. Mehrfach wechselte die Burg die Her-

Burg Falkenstein

ren, fast alle verstärkten die Wehranlage. 1425 vertrieben die streitbaren Frauen der Burg die Hussiten – seitdem heißt ein Teil der Befestigung »Weiberwehr«. Umbauten im Stil der Renaissance brachten der Burg ihr heutiges Aussehen. Nach gründlichen Renovierungen beherbergt Falkenstein heute eine **Burggaststätte** (Tel. 0 94 62/91 11 29, www.burgfalkenstein.eu, Di–So 10–23 Uhr, ●●, Übernachtung ●) und ein **Jagdmuseum** (Juni–Sept., Sa, So, Mi 13–17, sonst So, Fei 13–16 Uhr). Auf der Burg kann man im romantischen Rahmen heiraten (www.markt-falkenstein.de) oder im schönen Innenhof die **Burghofspiele** genießen (www.burghofspiele-falkenstein.eu; › S. 39).

### Unterkunft

**Knallerbsenhof GbR**
**Aukenzell 2 ][ 93167 Falkenstein**
**Tel. 0 94 62/18 88–436**
**www.knallerbsenhof.de**
Zwei Ferienwohnungen und ein Ferienhaus gehören zum Bauernhof mit Ziegen, Hühnern, Schweinen und Rennenten. Sehr ansprechend ausgestatte Unterkünfte, Sauna, Wanderreitstall, Blockhaus mit Matratzenlager – alles neu und voller Lust und Liebe! ●

# Wörth a. d. Donau 24

Der Name stammt vom althochdeutschen »Uuerid« (= gewässernahe Siedlung). Bereits im 8. Jh. erwähnt, wurde der Ort um 910 von den Hunnen vernichtet, im

12. Jh. jedoch neu aufgebaut. Das Schloss (16. Jh.), das Regensburger Bischöfe gerne als Sommerresidenz nutzen, erhebt sich auf den Grundmauern einer um 1200 erbauten Anlage. Unter Bischof Albert IV. entstand 1616 die Schlosskirche (Führungen Mai–Okt. jeden ersten Sa um 15.30 Uhr, Tel. 0 94 82/15 15).

**Mit Ballon oder Gleitschirm den Bayerwald und das Donautal von oben bewundern:** das ermöglicht das **Flugzentrum Bayerwald** (Schwarzer Helm 71, 93083 Wörth, Tel. 0 94 82/95 95 25, www.flugzentrum-bayerwald.de). *Echt gu*

# *Wiesent 25

In Wiesent blieb vom frühen Kloster auf dem Heilsberg nur die Erinnerung, von der Burg künden immerhin noch ein paar Spuren. Das **Renaissance-Schloss** dagegen ist der Blickfang im Stadtzentrum. Doch die größte Attraktion stammt aus dem fernen Asien! Die herrlichen Schnitzarbeiten am *Nepal-Himalaya-Pavillon, einem der Prachtstücke der Expo Hannover, sind das Werk von 800 nepalesischen Familien, die dafür 480 t Holz verarbeiteten. Dem Grundgedanken der Toleranz folgtt die Nutzung als internationale Begegnungsstätte (Mai bis Sept. So 13–17, Mo 14–17 Uhr, Tel. 0 94 82/95 96 86, www.nepalhimalaya-pavillon.de). Ein weitläufiger Mandala-Garten umgibt die Heiligtümer und erfreut besonders während der Rhododendronblüte.

Ganz in der Nähe verblüfft in Bach a.d. Donau das **Baierwein-Museum** mit Informationen über eines der kleinsten Weinanbaugebiete Deutschlands (Hauptstr. 1 a, Mai–Okt. 1. So im Monat 14 bis 17 Uhr).

## *Walhalla 26

405 m über der Donau thront der Ehrentempel, den Ludwig von Klenze im Auftrag von König Ludwig I. errichtete – ein Denkmal für Könige, Dichter, Wissenschaftler, Künstler und Philosophen »deutscher Zunge«. 1830 bis 1842 wurde bei Donaustauf das gewaltige Bauwerk im dorischen Stil erbaut. Walhalla, der mythische Wohnsitz germanischer Götter und großer Krieger, wurde zum irdischen Heim verdienter Männer und Frauen. Im Inneren der gewaltigen Halle dominiert die Skulptur Ludwigs I. 96 Büsten waren bereits zur Eröffnung der Walhalla fertig, 127 sind es heute. Dazu kommen Namenstafeln, sodass bislang insgesamt 191 Personen hier verewigt wurden. Nur wenig Frauen haben es in die Ruhmeshalle geschafft: Die Seherin Veleda (1. Jh.) steht am Anfang der Geschichte; Sophie Scholl (1921–1943) und Edith Stein (1891–1942) zogen 2003 und 2008 in die Walhalla ein. Bei den Männern macht der Cherusker-Fürst Hermann (18 v.–21 n. Chr.) den Auftakt, die Büste des Komponisten Johannes Brahms (1833 bis 1897) wurde 2000 aufgestellt; Ende 2009 wird Heinrich Heine

Die Walhalla über der Donau

die Ruhmeshalle bereichern. (April–Sept. tgl. 9–17.45 Uhr, Okt. bis 16.45 Uhr, Nov.–März tgl. 10 bis 11.45, 13–5.45 Uhr.)

## *Burg Donaustauf 27

Um 500 v. Chr. keltisch, im 10. Jh. n. Chr. in Besitz der Kirche, dann der Wittelsbacher, einer reichen Regensburger Familie, darauf von Kaiser Karl IV., nach 1488 erst bayerisch, dann schwedisch – und schließlich herrenlos. Die strategische Lage zeichnete die Burg Donaustauf aus, machte sie zum begehrten Bollwerk und nach dem Ende der Kämpfe zum attraktiven Steinbruch. Dennoch ist eine eindrucksvolle Ruine geblieben, die mit Toren, Turm, Kapelle und Palas verschiedene Bauphasen erkennen lässt.

# Zwischen Donau und Arber

## Nicht verpassen!

- Glasdorf Weinfurtner bei Arnbruck
- Wanderung von den Risslochfällen zum Großen Arber
- Gläserne Scheune bei Viechtach
- Gut Aiderbichl
- Kloster Metten
- Gäubodenmuseum in Straubing

# Zur Orientierung

Von den höchsten Höhen des Bayerwalds erstreckt sich die Region bis hinunter zur Donau. Das Tal des Regen und der gewaltige Quarzriegel des **Pfahl** – Fundgrube für Geologen und Grundstock für die hiesige Glaskultur – trennen den Hinteren Bayerischen Wald mit dessen höchstem Berg, dem **Großen Arber,** vom Vorderen Wald, dessen Gipfel immer noch die Tausendergrenze überschreiten – klassisches Urlaubsziel ist der Geißkopf bei **Bischofsmais.** Das ganze Gebiet gehört zu Niederbayern und ist Teil des Naturparks Bayerischer Wald.

Eine Reihe von Kleinodien erwarten den Besucher im sanften Norden des Vorderen Bayerischen Waldes: **Viechtach** überrascht mit seiner Vielfalt der künstlerischen Angebote, die einen Bogen vom alten Ägypten bis zu den Traditionen der sibirischen Ureinwohner spannen. Herrliche Freizeiteinrichtungen bietet der idyllisch gelegene Erholungsort **St. Englmar.**

Den urbanen Akzent bilden die beiden Donaustädte **Deggendorf** und **Straubing.** Tierfreunde werden den Gnadenhof **Gut Aiderbichl** besuchen. Auch die Religion darf nicht fehlen: **Kloster Metten,** die Kirche von **Oberalteich** und die Wallfahrtskirche in **Bogen** sind hier die Highlights.

Im Winter mutieren die Bäume am Arber zu den sog. Arbermandln

Am Marktplatz von Straubing

# Touren in der Region

## Zwischen Viechtach und Straubing

⑦ **Viechtach ⟩ St. Englmar ⟩ Bogen ⟩ Straubing**

**Länge:** 1 Tag, ca. 40 km
**Praktische Hinweise:**
Die Tour unternimmt man am besten mit dem Pkw – so sind kleine Abstecher auf idyllische Nebenstraßen möglich. Im Sommer können Sie zum Ausklang des Tages in Straubing vielleicht eines der Jazz- oder Volksmusikkonzerte besuchen (⟩ S. 89).

Die entspannte Tagestour bietet für jeden Geschmack etwas. Kunstfreunde kommen beim Besuch im Fischlederhaus und der *Gläsernen Scheune in **Viechtach** › S. 78 auf ihre Kosten. Religiösem Brauchtum auf der Spur ist man in *St. Englmar › S. 80, doch wer Action bevorzugt, kann sich stattdessen ganz in der Nähe auf der Sommerrodelbahn vergnügen. Immer einen Besuch wert ist die Wallfahrtskirche *Maria auf dem Bogenberg › S. 88. In **Straubing** › S. 88 lockt neben dem Gäubodenmuseum der **Tiergarten** – einer der schönsten Bayerns. Zwischen den Orten lohnen sich Abstecher auf kleine Nebenstraßen in die liebli-

che Landschaft – schön ist v.a. der Weg von St. Englmar Richtung Rettenbach und Obermühlbach!

## Quer durch den Wald

**8** **Deggendorf › Metten › Egg/Buchet › Regen › Burg Weißenstein › Bodenmais › Großer Arber**

**Länge:** 3–4 Tage, ca. 60 km
**Praktische Hinweise:**
Am besten unternimmt man diese Tour mit dem Pkw, packt aber auch die Wanderschuhe und einen Tagesrucksack ein für den Aufstieg zum Großen Arber.

In der Donauebene liegt **\*Deggendorf** › S. 85 mit seinem schönen Altstadtkern, nur wenige Kilometer weiter beeindruckt die klösterlich-barocke Pracht von **\*\*Metten** › S. 86. In **\*Egg** › S. 87 beim ehemaligen Raubritter oder im **Hirschpark von Buchet** › S. 87 beschließt man den Tag bei gutem Essen in schöner Umgebung. In **\*Regen** › S. 81 macht das gar nicht provinzielle Landwirtschaftsmuseum Eindruck, bevor die **\*Burg Weißenstein** › S. 82 mit den zarten Kunstwerken des Gläsernen Waldes lockt. Endziel des Tages ist **Bodenmais** › S. 76, der dienstälteste Touristenort im Wald. Hier startet die Tageswanderung über die **\*Risslochfälle** zum höchsten Gipfel des Bayerischen Waldes, dem **\*\*Großen Arber** › S. 77.

**7**
**Zwischen Viechtach und Straubing**
Viechtach › St. Englmar › Bogen › Straubing

**8**
**Quer durch den Wald**   Deggendorf › Metten/Egg › Buchet › Regen › Burg Weißenstein › Bodenmais › Großer Arber

# Unterwegs in der Region

## Im *Zellertal

Das Zellertal verläuft längs des
Bergrückens, der vom Kaitersberg
im Nordwesten zum Großen Arber im Osten reicht.

Hier liegen **Arnbruck** ∎,
**Drachselsried** ∎ und **Bodenmais** ∎, ideale Ausgangsorte für
Wanderungen, Rad- und Reitwe-
ge bzw. winterliches Skivergnü-
gen. Darüber hinaus bieten die
Orte viel Gelegenheit, bei der
Glasbearbeitung    zuzuschauen
und aus einer schier unerschöpf-
lichen Vielfalt gläserner Produkte
die richtigen Mitbringsel aus-
zuwählen.

### Bergmanns Heil in Bodenmais

Das ehemalige Silberbergwerk bei
Bodenmais ist eine der Hauptattraktionen des Ortes. Ein Sessellift
bringt Wandermüde zum Stollen-
eingang hinauf, Bergsteiger machen
sich zu Fuß auf den Weg und sind in
ca. 20 Min. oben. Für den Rückweg
zieht es nicht nur Kinder für einen
vergnüglichen Rutsch zur Sommerrodelbahn.

Auch bei Schnee verspricht der
Silberberg Spaß: Von der oberen
Bergstation führen zwei Abfahrten
ins Tal, bei der Mittelstation beginnt
die Winterrodelbahn. Ausrüstung
für die Rodelbahnen wird gestellt.
(Info-Tel. 0 99 24/94 14 11)

Im 19. Jh. waren es Poschinger-
und Schönbach-Hütte, wo Spie-
gel-, Fenster- und Tafelglas herge-
stellt wurden, heute beherrschen
Weinfurtner und Joska das Ge-
schäft. Bodenmais bietet mit ein
paar Kneipen und dem Dorf-Stadl
auch abendliche Zerstreuung.

### Unterkunft

∎ In der Region gibt es einige schöne
Wellnesshotels (❯ S. 90)

∎ **Ferienhaus Am Silberberg**
**Sonnenhang 1**
**94249 Bodenmais**
**Tel. 0 99 24/76 03**
**www.am-silberberg.de**
Hell und freundlich in ökologischer
Bauweise sind die Ferienwohnungen.
Abenteuerspielplatz, Streichelzoo,
Liegewiese. ●—●●

∎ **Ferienhof Danzer**
**Baumgarten 1 ][ 93471 Arnbruck**
**Tel. 0 99 45/6 47**
**www.danzerhof.de**
Umgeben von Wiesen befindet sich der
bewirtschaftete Bauernhof mit gemütlich eingerichteten Ferienwohnungen
und Zimmern in wunderschöner Allein-
lage. ●

∎ **Ferienhof Gröller**
**Kapellenweg 13**
**Grafenried**
**94256 Drachselsried**
**Tel. 0 99 45/9 40 90**
**www.ferienhof-groeller.de**
Vier Bärchen für Kinderfreundlichkeit
und eine brandneue Wellness-Oase –
so sieht Familienurlaub aus! Moun-
tainbikeverleih, eigener Rodelhang. ●

## Restaurants

■ **Zum Kimbacher**

**Hadergasse 1** ][ **94249 Bodenmais**
**Tel. 0 99 24/77 001 40**
**www.zumkimbacher.de**
Mo–Sa 18–24 Uhr
Bayerisch-österreichisch ist die
Küche, klassische Konzertmusik oder
Operetten machen das Essen hier
zur Erlebnisgastronomie (Termine im
Internet). ●●–●●●

■ **Café Winkelstüberl**

**Arberseestr. 25**
**94249 Bodenmais**
Die Kuchen hier sind legendär – und
auf Vorbestellung kann man die süßen
Köstlichkeiten auch mit nach Hause
nehmen.●

## Shopping

■ **Weinfurtner – Das Glasdorf**

**Zellertalstr. 13** ][ **93471 Arnbruck**
**Tel. 0 99 45/9 41 10**
**www.weinfurtner.de**
Mo–Fr 9–18, Sa 9–16, So 10–16 Uhr
Swarowski-Glitzersteine, Kristalllüster,
Tafelglas, Gartenschmuck– Weinfurtner hat alles! Die Glaskunstobjekte
im schönen Park laden zum Spazieren
ein. Außer Glas gibt's Landhaus-Mode,
ein Trigema-Outlet, Hummel-Figuren
und einen Weihnachtsladen.

■ In **Drachselsried** bietet der Werksverkauf der **Drachselsrieder Leder-**
**moden** (Pointwiese 2, Tel. 0 99 45/
5 78) eine große Auswahl,
in **Bodenmais** lädt **Arzberg** (Bahnhofstr. 72, Tel. 0 99 24/90 24 37) zum
Werksverkauf.

## Aktivitäten

Der **Skilift Drachselsried-Oberried**
bietet viermal wöchentlich Flutlicht
(Schneetelefon 0 99 24/9 42 60), und

auch **Arnbruck** hat seinen Skilift
(Schneetelefon 0 99 45/6 82,
www.skieck.de).

# **3** **\*\*Großer Arber** 4

Vom Bahnhof Bodenmais führt
der Weg Nr. 2 zu den 200 m hohen **\*Risslochfällen**, die nach der
Schneeschmelze eindrucksvoll
über mehrere Stufen bergab stür-
zen. Nach dem felsigen Anstieg
hat man die Wahl: Links (2 a) geht
es zum kleineren der beiden Ar-
bergipfel, rechts (2 b) längs einer
Abbruchkante, von der der Blick
über den Großen Arbersee bis
zum Großen Arber schweift. Beide Gipfel verbindet ein steiles

Risslochfälle

77

Teilstück des Fernwanderwegs E 6. Ganz oben ist es recht frisch, die durchschnittliche Jahrestemperatur liegt bei frostigen 2,7 °C – 250 Tage im Jahr liegt Schnee! Wer sich von den Gondel-Touristen schnell absetzen will, dem bieten sich Verlängerungsmöglichkeiten: Es locken der Kleine und der Große Arbersee, von wo ausdauernde Wanderer die Bretterschachten ansteuern können (Bodenmais – Großer Arber ca. 3,5 Std., Großer Arber – Kleiner Arbersee 2,25 Std., Großer Arber – Bretterschachten ca. 2,5 Std., alle Wege haben anspruchsvolle Abschnitte). Am Kleinen Arbersee (❭ S. 60) führt ein kurzer Abstieg nach Mooshütte, vom Großen Arber bringt die Gondel Sie bergab. Von Mooshütte, der Talstation Großer Arber sowie vom Großen Arbersee und den Bretterschachten fährt ein Bus Richtung Bodenmais.

**Echt gut!** Im Winter heißt es **Alpinski total am Großen Arber:** Wo sogar Weltcuprennen gefahren werden, geht es toll bergab! Unter den zahlreichen Abfahrten findet aber jedes Talent eine geeignete Strecke. (Arberbahn Talstation Tel. 0 99 25/9 41 40, Sommer 9–16.30, Winter 8.30–16 Uhr, www.arber.de)

## **Viechtach** 5

Klein, aber fein ist der Luftkurort Viechtach am Schwarzen Regen. Das Kloster Metten, die Grafen von Bogen und die Wittelsbacher waren Herren über den an der Kreuzung von Bayerweg und Pfahl-Hochstraße gelegenen Ort. Ausgangspunkt für einen Stadtrundgang ist der freundliche kleine Stadtplatz.

### 4   **Das Fischlederhaus**

Staunend steht man vor den Fenstern des ersten Fischlederhauses weltweit. Wie kommen Techniken der sibirischen Nanai in die Ringstraße 3? Es begann damit, dass die Lachsräucherei Laschinger aus Bischofsmais nicht täglich Tausende von Fischhäuten wegwerfen wollte. Da kam der Nanai Anatol Donkan gerade recht, kennt er doch die traditionelle Technik der Fischlederherstellung. Herrlich weiche Häute werden von ihm zu Kunstobjekten und Gebrauchsgegenständen verarbeitet. Seine Frau, Malerin und Modemacherin Mareile Onodera, unterstützt ihn bei der Arbeit und führt im 1. Stock ihr eigenes Atelier. Im kleinen Nebengebäude haben beide eine Ausstellung zu den Nanai eröffnet. (Tel. 0 99 42/80 96 71, www.amur-art-museum.de, Mo bis Sa 10–17 Uhr.)

### **Gewölbe der Geheimnisse**

Ägyptisch-bayerisch, oder kurz ägayrisch, ist das im alten Bürgerspital eingerichtete Gewölbe der Geheimnisse. Mitten im Bayerischen Wald trifft man auf Nofretete, Tutanchamun und andere Größen der Antike. Die Espressobar Isis oder ein Rundgang durchs »Gläserne Tarot« verführen zum

Im Fischlederhaus in Viechtach

weiteren Verweilen. (Spitalgasse 5, Tel. 0 99 42/80 16 38, April–Okt. Di–So 10–16 Uhr.)

### Die *Gläserne Scheune

Agnes Bernauer und der Mühlhias haben Vater und Sohn Schmid zu einem Gesamtkunstwerk in Glas inspiriert. In einer umgebauten Scheune jenseits des Flusses sind auf großen Glaswänden und Fenstern in feiner und ausdrucksstarker Glasmalerei die Lebensgeschichten der beiden dargestellt. (Rauhbühl 3, Tel. 0 99 42/81 47, www.glaeserne-scheune.de, April–Sept. tgl. 10–17, Okt. bis 16 Uhr.)

Der Besuch der Gläsernen Scheune lässt sich mit einer schönen Rundwanderung (Nr. 4, Start am Ostufer der Alten Regenbrücke, 14 km) zur **Burgruine Neunußberg** verbinden (Festspiele im Juli/Aug., www.burgfestspiele-neunussberg.de).

# Ausflug zum *Pfahl und zum *Höllensteinsee

Wandernd, radelnd und Boot fahrend kann man die herrliche Umgebung von Viechtach erkunden. Direkt nördlich der Stadt beginnt beim Parkplatz an der B 85 (gleich nach der Brücke) ein Naturlehrpfad (Nr. 4) zum Quarzriegel des Pfahl (> S. 31), der nach knapp 1,5 km Richtung Tresdorf und Höllensteinsee abbiegt. Dem Weg 1 folgend quert man den Regentalradweg, von dem Radler hinter Fichtental zum Höllensteinsee abbiegen (Ruderbootverleih, Höllenstein 21, Tel. 0 99 41/71 63). Beim Kraftwerk Höllenstein quert man den Fluss. Zu Fuß durch Wald und Feld über Pirka bzw. für Biker über Wettzell zurück nach Viechtach (Wanderung ca. 6 Std., Radtour 32 km).

# *Sankt Englmar 6

Zwischen **Pröller** (1048 m) und **Predigtstuhl** (1024 m) liegt der idyllische Luftkurort. Alljährlich an Pfingsten gedenkt man des erschlagenen Englmar (> Exkurs S. 35). Über seinem Grab wurde 1131 eine Kirche errichtet, die bald zum Mittelpunkt einer Wallfahrt aufstieg. Hinter der Kirche

## Weiße Zeiten in Sankt Englmar

Mit einer Pferdeschlittenfahrt oder einer abendlichen Fackelwanderung beginnen Romantiker den Winterurlaub. Mutige testen die Snowkite-Anlagen oder die Quarterpipes, Klassiker zieht's zu den Abfahrten von Pröller und Predigtstuhl, auf die Loipen oder Rodelhänge. Für alle, die Bretter oder Boards nicht so mögen, werden 50 km Wanderwege geräumt! Und wie wär's mit einem Ausritt im Winterwald?
■ Skischule Bayerwald
**Rathausstr. 18 ][ Tel. 81 09 21**
**www.skischule-st-englmar.de;**
■ Skischule Predigtstuhl
**Rathausstr. 17 ][ Tel. 2 52,**
**www.skischule-predigtstuhl.de**
■ Snowboardschule Symbol
**Am Predigtstuhl-Lift**
**Tel. 81 02 22**
■ Ski- & Snowboardschule
**Bergshop 24 ][ Tel. 81 02 70**
■ Reitanlage Groß
**Am Predigtstuhl 5 ][ Tel. 4 84**
**www.reiten-bei-gross.de**

im Stadtzentrum führt ein Weg längs des Friedhofs, vorbei an den typischen Totenbrettern (Gedenktafeln) bis zum **Kurpark.** Der Englmarbach durchfließt das schön angelegte Gelände mit Kneippanlage, Biotop- und Naturbadeweiher. Hier steht der **Erlebnishof Alte Mühle:** Schafe, Hasen und Gänse sorgen für bäuerliche Atmosphäre, in der Wirtschaft gibt es bayerische Kost und im Laden Produkte von Bauern aus der Umgebung (tgl. 11–18 Uhr, Nov.–20. Dez. geschl., Tel. 0 99 65/91 13, ●–●●).

Echt gu

Westlich von St. Englmar lockt der **Waldwipfelweg** in Maibrunn zum Schauen und Staunen: Sogar mit Kinderwagen spaziert man bequem 30 m über dem Boden. Ein Naturlehrpfad erklärt den Wald und seine Bewohner. (April–Okt. 10–19 Uhr, Nov. bis März 9–16 Uhr.)

## Unterkunft

■ **Angerhof**
**Am Anger 38 ][ 94379 St. Englmar**
**Tel. 0 99 65/18 60**
**www.angerhof.de**
Eines der besten europäischen Sport- und Wellnesshotels, siegte schon im Test der Stiftung Warentest. Kinderfreundlichkeit und regionale Küche wurden vom Bayerischen Umweltministerium mit Gold prämiert. ●●●
■ **Gut Schmelmerhof**
**Romantik-Hotel**
**Rettenbach 24 ][ 94379 St. Englmar**
**Tel. 0 99 65/18 90**
**www.gut-schmelmerhof.de**
Kaminzimmer, Gewölberestaurant mit sehr guter Küche und direkte

Waldlage gehören zum 4-Sterne-Haus ebenso wie Sauna, Dampf- und Hallenbad. ●●–●●●

**Zum Kirchawirt**
**Kirchplatz 3** ][ **Tel. 0 99 65/81 08 10**
Mi Ruhetag

**Silberprämierte bayerische Küche** – wie wär's denn mal mit Saurem Lüngerl oder gepökelter Rinderzunge? Selbst Vegetarier werden hier fündig.
●●

**Holzspiele Lukas – Fabrikverkauf**
**Bayerweg 2**
Mo–Fr 10–12, 14–18 Uhr,
Sa 10–13 Uhr.
Holzspielzeug von Heros und Holztiger im Outlet 30 % billiger.

Die Sommerrodelbahn am Egidi-Buckel bietet auf 1000 m tolle Kurven, dazu eine Spiel-Scheune, Streichelzoo und Wanderwege, Bungee-Trampolin, Bumper-Boote und einen Aussichtsturm (**Grün 10, Tel. 0 99 65/12 03**).

# *Regen 7

Die niederbayerische Kreisstadt am Schwarzen Regen wurde als Ableger der Propstei Rinchnach Ende des 11. Jhs. gegründet und entwickelte sich zu einem bedeutenden Knotenpunkt im Waldverkehr. Glas ist bis heute wichtig – das Werk der Firma Rodenstock ist neben der Bundeswehr ein wichtiger Arbeitgeber.

Die Insel in der Stadtmitte beherbergt den liebevoll gestalteten

Volksmusikfestival Drumherum

**Kurpark**, vor dessen Ufern alle zwei Jahre eine Flussbühne verankert wird für Kabarett- und Musikveranstaltungen (www.flussbuehne.de).

Über dem Westufer erhebt sich die **St.-Michael-Kirche**, dahinter überrascht die gut gemachte Ausstellung im ***Niederbayerischen Landwirtschaftsmuseum**. Nicht ohne Sozialkritik geht's da durch die Zeiten von Gutsherren, Bauernbefreiung und Technisierung. (Schulgasse 2, tgl. 10–17 Uhr, www.nlm-regen.de).

Ende Juli feiert Regen das **Pichelsteinerfest** – mit großem Festzug unter Leitung des Festkochs, Turnier, Schützenmarsch und Wasserspielen, Gondelfahrten und natürlich original Pichelsteiner Eintopf (www.pichelsteinerfest.com).

Das große **Volksmusik-Festival Drumherum** jeden zweiten Sommer (20.–24.5.2010; www.drumherum.com) wird von einem großen Kunsthandwerkermarkt ergänzt.

Gläserner Wald

**Forstgut**
Schlossau 1
94209 Regen
Tel. 0 99 21/84 00
www.forstgut.de
Großzügige, gut eingerichtete Häuser,
Zimmer im Sonnenhaus oder ein
ganzer Einödhof liegen romantisch an
der Schlossauer Ohe. Der Clou ist ein
Bad im Holzbottich auf der Terrasse!
Nur für Selbstversorger. ●●

■ **Zankl's Kanu- und Canadier-
verleih**
Tiefental 12 ][ 93468 Miltach
Tel.0 99 44/28 23
www.kanuverleih-zankl.de
■ **Helmut Hölzl**
Föhrenweg 2 ][ 94209 Regen
Tel. 0 99 21/88 20 81
www.kanutouren-regen.de
**Echt gut!** Beide Veranstalter bieten Kanutouren
auf dem Regen an.

## *Burg Weißen-stein 8

Tatsächlich steht die Ruine auf einem weißen Stein – auf einem 760 m hohen Buckel des Pfahl (❯ S. 31). 1468 wurde die Burg im Kampf zwischen bayerischen Herzögen und aufmüpfigen Wald-Rittern zerstört, wieder aufgebaut und im 17. Jh. verlassen. Nach 1918 übernahm der Schriftsteller Siegfried Vegesack mitsamt Familie die Ruine und renovierte den Turm. Es war wohl eine kostspielige Angelegenheit – der Beiname »das Fressende Haus« spricht Bände. Heute ist im Turm ein Museum eingerichtet, das sich dem Dichter widmet, aber auch Volkskunst und religiöses Leben darstellt. Besonders schön ist die Sammlung von Schnupftabakgläsern. (Ruine: Mai bis Okt. tgl. 10–17 Uhr, Museum: Mai–Mitte Sept. tgl. 10–16.30 Uhr.)

Auf der Wiese vor dem Burgturm wächst der **Gläserne Wald** – die großen Baumskulpturen bayerischer Glaskünstler vermehren sich Jahr für Jahr. Alle zwei Jahre schlagen Ritter, Spielleute und Landsknechte für eine Woche vor Burg Weißenstein ihr Lager auf. Infos unter www.burgverein-weissenstein.de

## **Bischofsmais 9

Kirchliches Rodungsgebiet, Säumerstation, Einsiedelei, anerkannter Erholungsort – klassische Entwicklungsstationen eines Orts im Bayerischen Wald, der heute von der herrlichen Landschaft und vom Tourismus lebt. Sport rund ums Jahr kann man hier in nächster Nachbarschaft zu Geißkopf (1097 m), Breitenauriegel (1114 m), Einödriegel (1121 m) und Dreitannenriegel (1092 m) treiben. Biker lassen sich per Sesselbahn im Sommer zur MTB-Zone Geißkopf hinauftragen, im Winter sind es die Skifahrer, die je nach Können vom Babyhang oder der Herrenabfahrt am Riegel die Pisten abwärts sausen. Rodler haben im Sommer und Winter eine eigene Bahn, die Langläufer dürfen sich auf der Höhenpiste Richtung Gotteszell auslaufen. Zu schneefreien Zeiten sind dann Wanderer und Radfahrer auf den gut ausgezeichneten Wegen unterwegs – der Teufelstisch, das Naturschutzgebiet Hochmoor oder die Bergdorfruinen gehören zu den beliebten Zielen.

### Unterkunft

■ **Waldferiendorf Dürrwies**
94253 Bischofsmais
Tel. 0 99 20/3 35
www.duerrwies.de
Hier kann man in ==historischen Holzbauernhäusern wohnen,== im Waldschwimmbad in frischem Quellwasser plantschen und die Natur genießen! ●

Echt gut!

■ **Ferienpark Bischofsmais**
Ferienparkstr. 1
Tel. 0 99 20/18 10
www.ferienpark-bischofsmais.de
Die riesige Anlage am Ortsrand ist sehr familienfreundlich (5 Bärchen), u.a. mit Tennis, Hallen- und Freibad, Streichelzoo, Grillplatz. Unterkunft in Apartments. ●

### Aktivitäten

■ **Sesselbahn am Geißkopf**
in den Sommerferien tgl., sonst Mi–So 9.15–16.45 Uhr, bei Regen kein Betrieb
■ **Bikepark am Geißkopf**
› S. 17

Sommerrodelbahn am Geißkopf, Bischofsmais

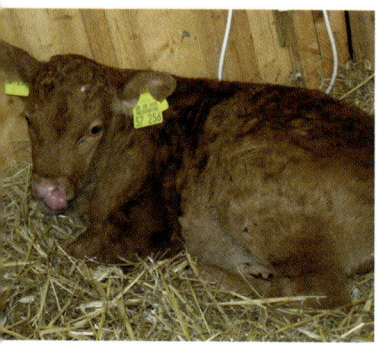

Lassen Sie sich die dramatische Geschichte von Paulchen in Aiderbichl erzählen

# Lalling 🔟

Obstschüssel des Bayerischen Waldes wird das Gebiet um den Erholungsort Lalling genannt. Mildes Klima begünstigt nicht nur die Obstbaumplantagen im Lallinger Winkel, die mit ihrer Blütenpracht im Frühling die Landschaft verzaubern. Schon früh im Jahr ist die Schneeglöckerlwiese ein echter Hingucker! Verbindung zur Natur schaffen soll der Feng-Shui (= Wind und Wasser)-Kurpark mit Yin- und Yang-Plätzen am Teich, sowie schönen Pfaden durch Streuobst-, Blumen- und Feuchtwiesen.

Anfang Juni findet das **Lallinger Mostfest** mit Töpfermarkt statt, jeden 3. Sonntag im Oktober zur Kirchweih ein großer **Obst- und Bauernmarkt** (www.apfel strasse.de).

**Ferienbauernhof Sieglinde**
**Obstgartenstraße 11**
**94551 Lalling**
**Tel. 0 99 04/12 73**
**www.ferienbauernhof-sieglinde.de**
Vier Bärchen zeichnen den Baby-Kinderbauernhof aus, große Ferienwohnungen, dazu ein Campingplatz. ●

---

**5** ✱✱**Gut Aiderbichl in Eichberg** 🔢

»Im würdelosen Umgang mit den Tieren spiegelt sich unser Verhältnis nicht nur zu den Schwächeren, sondern unter- und miteinander. Auch wenn es gelänge, die Tiere vor uns zu schützen, wir hätten nichts erreicht. Erst wenn es gelingt, die Tiere nicht mehr schützen zu müssen, sind wir am Ziel. Dann haben wir etwas verändert: UNS.« sagt Michael Aufhauser, der Gut Aiderbichl in Eichberg 2004 als zweiten großen Gnadenhof für Tiere in Not gründete. Hier finden Tiere, die aus dem »Arbeitsleben« ausscheiden – wegen Krankheit, Alter oder mangelnder Zuchteignung –, einen Zufluchtsort. Oft sind es Rettungen in letzter Minute. Mit Hilfe von Patenschaften und Spenden finanzieren sich die Höfe, ausgebildete Pfleger und Tierärzte gehören zum festen Stamm der Mitarbeiter. Aiderbichl kümmert sich aber auch um Menschen: Der Kontakt zu Tieren, die in einer stressfreien Umgebung leben, beruhigt. Ein Besuch auf dem schön gelegenen Gut ist allemal Balsam für die Seele! Schöner Weihnachts- und Ostermarkt. (Eichberg 26, 94469 Deggendorf, Tel. 0 99 01/ 90 32 98, www.gut-aiderbichl.com, tgl. Sommer 9–19, Winter 10–18 Uhr.)

# *Deggendorf

Die Lage an Donau und Isar machte den Ort früh zum Handelsplatz. Über den Böhmweg wurden Salz, Wein, Hopfen und Honig transportiert. Bis heute ist der Donauhafen mit eigener Werft von großer Bedeutung. Stolz sind die rund 32 000 Deggendorfer auf die Tatsache, dass man innerhalb des Stadtgebiets im Winter alpin Ski fahren kann: Im Nordosten der Stadt erhebt sich der Breitenauer Riegel gute 800 m über das Stadtzentrum und gehört mit 1114 m schon zu den Großen des Vorderen Bayerischen Waldes. Im Sommer lässt es sich an der Uferpromenade der Donau herrlich flanieren – oder haben Sie Lust auf eine Schifffahrt (www.donau schifffahrt-wurm.de)?

## Die *Altstadt

Urlaubslaune überkommt den Besucher an einem sonnigen Tag auf den großzügigen Stadtplätzen – unter der Woche laden vormittags die Marktstände rund um den Marienbrunnen auf dem *Luitpoldplatz zum Bummeln ein, am Samstag bringen die Bauern der Umgebung ihre Produkte auf den *Oberen Stadtplatz. Drumherum reihen sich in wunderschönen Bürgerhäusern Restaurants und Cafés.

Markant erhebt sich zwischen den Stadtplätzen das *Alte Rathaus von 1535 mit seinem mächtigen Treppengiebel und dem gotischen Turm von 1380. An dessen Südseite hängen zwei schwere Steinkugeln – Symbole der Gerichtsbarkeit, von den Heimischen jedoch lieber als Knödel gedeutet. Die berühmteste **Knödelwerferin** der Stadt zeigt sich am Brunnen: 1266 lagerten feindliche Truppen vor Deggendorf, einer ihrer Späher erkletterte die Mauer – und wurde prompt von der Frau des Bürgermeisters beschossen: mit Knödeln!

Markant ist der barocke Kirchturm der **Heiliggrabkirche St. Peter und Paul.** Die Kirche

---

### Die »Deggendorfer Gnad«

Alles andere als christlich-nächstenliebend war der Hintergrund der über Jahrhunderte zelebrierten Wallfahrt. Nach Kriegen und Seuchen waren 1338 die Kassen leer, doch drohte die jährliche Schuldrückzahlung an die jüdischen Geldverleiher. Die Deggendorfer lösten das Problem auf grausame Weise: Sie ermordeten alle Juden in der Stadt und plünderten ihren Besitz. Jahrzehnte später versuchte man, das Geschehene mit einer angeblichen Hostienschändung zu begründen. Um diese Mär entstand ab dem 17. Jh. eine der größten Wallfahrten der Region. Zigtausende kamen jährlich zur »Deggendorfer Gnad« – und die Händler der Stadt verdienten reichlich. Eine vom Regensburger Bischof 1984 in Auftrag gegebene Forschungsarbeit ergab, dass es sich um eine »nicht haltbare, böswillige Diffamierung« der Juden handelte; seit 1992 wird die Wallfahrt nicht mehr durchgeführt.

Das Deggendorfer Rathaus

wurde nach 1338 als gotische Hallenkirche am Platz der ehemaligen Synagoge erbaut. Sie war bis 1991 das Ziel der Wallfahrt zur Deggendorfer Gnad (› Exkurs S. 85), worauf zwei der Malereien über dem Nordportal verweisen.

Mehr über die Geschichte der Stadt lernt man im ***Stadtmuseum,** zu dessen Höhepunkte die **Sell'sche Apotheke,** die Figuren der Jahreskrippe und die Dokumentation zur Deggendorfer Gnad zählen.

### Unterkunft

■ **Gasthof Höttl**
**Luitpoldplatz 22**
**94469 Deggendorf**
**Tel. 09 91/3 71 99 60**
**www.hoettl.de**
Das Traditionshaus im Herzen der Stadt bietet große, freundlich eingerichtete Zimmer, einen ruhigen Biergarten im Innenhof sowie gute bayerische Küche. ●●

■ **Berggasthof Geiss**
**Greising 52 ][ 94469 Deggendorf**
**Tel. 09 91/2 12 18**
**www.berggasthof-geiss.de**
Direkt am Hausberg der Deggendorfer, wo im Winter der Schlepplift die Skifahrer hinaufzieht, liegt das familienfreundliche Haus mit Zimmern und Ferienwohnungen. ●

### Restaurants

■ **Ratskeller**
**Oberer Stadtplatz 1**
**Tel. 09 91/67 37**
Fast rund um die Uhr gibt es hier Speis und Trank. Im Schatten des Rathauses sitzt es sich bei Sonnenschein besonders schön. Do und Sa lockt die Kellerbar mit Cocktails und Musik. ●●

■ **Ruderhaus an der Donau**
**Edlmairstr. 14 ][ Tel. 09 91/77 08**
**www.ruderhaus-deggendorf.de**
Ruhige Lage an der neuen Uferpromenade. Mediterran ist die Küche, freundlich der Service. ●●

### Aktivitäten

Drei Radwege treffen sich in Deggendorf: Der im Jahr 2001 eröffnete **Via Danubia-Radweg** führt von Regensburg/Bad Gögging bis nach Passau, der **Isarradweg** reicht bis an den Fuß der Alpen und der internationale **Donauradweg** verläuft zwischen Donaueschingen und dem Schwarzen Meer. Geführte Radtouren wie auch Leihfahrräder bietet: **guided bike-tours, Bräugasse 14, Tel. 3 79 14 61, www.guidedbiketours.de**

## **Kloster Metten 13

Der Besuch im 766 gegründeten Kloster lohnt sich v.a. wegen der prachtvollen Bibliothek (Führungen tgl. 10 und 15 Uhr). Die Benediktiner gehörten zu den ersten Mönchen, die sich der Zivilisierung des Bayerischen Waldes widmeten. Kaiser Karl V. verlieh Metten königlichen Schutz, doch Herzog Arnulf verwandelte es im 10. Jh. in ein weltliches Kanonikerstift. Nach dem Dreißigjährigen Krieg begann die barocke Neugestaltung. Hunderte von kostbaren Handschriften machten Metten zum wissenschaftlichen Zentrum. Viele Bücher wurden bei der Säkularisation 1803 zerstört oder verschleppt. Dennoch beeindruckt die Bibliothek – besonders wenn vormittags die Sonne die Deckengemälde zum Leuchten bringt. Auch in der Klosterkirche sind barocke Malereien zu bewundern, einmal mehr führte der berühmte Cosmas Damian Asam hier den Pinsel.

Auf dem europäischen Pilgerweg **Via Nova** ist Metten ist von Deggendorf zu Fuß erreichbar (7,5 km, ca. 2 Std.; www.pilger weg-vianova.eu) In der **Klosterschänke** (tgl. 7–23 Uhr, ●) kann man sich stärken.

# *Burg Egg ⏸14

Die fürchterlichen Ritter von Burg Egg sind Gott sei Dank schon lange weg! Der Gedanke drängt sich auf bei den Erklärungen zum Folterwesen dieser grausamen Raubritter. Besonders Ulrich und dessen Sohn Peter hausten im 12. Jh. als unmenschliche Herren – im Hungerturm fand man über hundert Skelette! 1840 wurde die Burg zum neugotischen Schlösschen für Romantiker umgebaut. (Führungen im Schloss Mai–Sept. tgl. 10–16 Uhr, April, Okt. nur So, Fei., www.schloss-egg.de.)

## Unterkunft/Restaurant

**Schlosshotel Egg**
**Egg 4 ][ 94505 Bernried**
**Tel. 0 99 05/2 89**
**www.schlosshotel-burgstall.de**

## Hirschpark Buchet ⏸15

Haben Sie Sehnsucht nach Ruhe und Harmonie? Dann planen Sie einen Abstecher nach Buchet. Wo abends vor dem Fenster die Rehe grasen und morgens die Pferde freundlich über den Zaun schauen, kann man die Seele wirklich baumeln lassen. Wanderwege durch das 50 ha große Wildgehege mit Rot- und Sikawild, Mufflons und einer Gruppe Wisente locken in die Natur – zurück in den Gasthof dann leckeres Essen. Im **Hofladen** (tgl. 10–18 Uhr) kann man köstlichen Hirschschinken aus eigener Produktion und viele andere Schmankerl aus der Umgebung kaufen. 2008 haben der Wirt Thomas Gstettenbauer und der Sänger Thomas E. Bauer das erste <mark>Kulturwald-Festival klassischer Musik im Bayerischen Wald</mark> veranstaltet – mit großem Erfolg! Die Fortsetzung 2009 hat sich erfreulicherweise schon auf mehrere Spielstätten ausgeweitet! (Fam. Gstettenbauer, Buchet 2, 94505 Bernried, Tel. 0 99 05/2 48, www.wildberghof-buchet.de, ●●; Infos zum Festival: www.kulturwald.de).

Echt gut!

Ludwigsplatz in Straubing

**Stilvoll, dennoch gemütlich wohnt und speist man in den historischen Mauern** des einstigen Wirtschaftstraktes zu Füßen der Burg. Schöner Biergarten. Hotelbetrieb nur April–Okt. ●●

## **Straubing** 🔟

Das Herz der Agnes-Bernauer-Stadt ist der *Ludwigsplatz mit seinen herrlichen, liebevoll restaurierten Bürgerhäusern. Rathaus und *Stadtturm stammen aus dem 14. Jh. – der Besuch der Türmerwohnung ist ein echter Höhepunkt! Im ehemaligen Herzogsschloss von 1356 übt heute das Finanzamt die Hoheit aus. Drei große Kirchen aus der Gotik mit Einbauten und Malereien bis in die Neuzeit locken zum Vergleich: Ein Glasfenster nach Entwürfen von Albrecht Dürer bietet *St. Jakob, Gemälde von Cosmas Damian Asam sind in **St. Veit** und spätgotische Grabmäler in der **Karmelitenkirche Hl. Geist** zu bewundern. Das älteste Gotteshaus Straubings ist **St. Peter** von 1180 östlich der Altstadt. Auf dem uralten Friedhof findet sich neben der mit Totentanzfresken geschmückten Seelenkapelle auch die Agnes-Bernauer-Kapelle.

Ein Muss ist der Besuch im **Gäubodenmuseum.**  Die goldenen Prunkmasken aus der Römerzeit sind das Highlight der gut gemachten Ausstellung (Fraunhoferstr. 9, Tel. 0 94 21/9 74 10, Di bis So 10–16 Uhr).

Der **Tiergarten Straubing** gehört zu den größten und schönsten Zoos in Bayern, mit Spezialitäten wie dem Danubium und einem Donauaquarium. (Lerchenhaid 3, Sommer tgl. 8.30–19,

### Tragische Liebe

Als Tochter eines Baders hatte sie einen denkbar schlechten Ruf, dennoch verliebte sich Herzog Albrecht in Agnes Bernauer – sehr zum Missfallen seines Vaters Ernst, der die unstandesgemäße Liaison 1435 mit Hilfe eines Todesurteils wegen Hexerei beendete: Agnes wurde in der Donau ertränkt. Die später von Herzog Ernst gestiftete Kapelle für das verruchte Weib lässt allerdings darauf schließen, dass den Machtpolitiker ein schlechtes Gewissen plagte. Unsterblich ist die Bernauerin durch die Festspiele geworden, die alle 4 Jahre in Straubing aufgeführt werden und die Stadt ins 15. Jh. zurückzuversetzen scheinen (nächster Termin: 2011, www.agnes-bernauer-festspiele.de).

Winter 9 Uhr bis Einbruch der Dunkelheit.)

Wasser aus der Thermal- und Mineralwasserquelle Sorviodurum sorgt für gesunden Badespaß im **AQUAtherm** – ohne Chlor! (Wittelsbacherhöhe 50/52, Tel. 0 94 21/86 44 44, Di–So 8–21 Uhr, im Winter Fr bis 23.30 Uhr.)

**Bed & Breakfast Bredl**
**Steinweg 32 ][ 94315 Straubing**
**Tel: 0 94 21/18 48-72**
**www.hotel-bbb.de**
Eine Villa im Grünen, im Stil der Fünfziger charmant möbliert, alle Zimmer und Suiten mit eigenem Bad. ●●

**Restaurant**

**Zum Geiss**
**Theresienplatz 40**
**94315 Straubing**
**Tel. 0 94 21/96 39 22**
Wirklich gute bayerische Küche gibt's im Traditionshaus von 1462. ●●●

**Nightlife**

**Habana Club**
**Am Platzl 3 ][ Tel. 0 94 21/8 87 75**
Fr, Sa 22–5 Uhr
Hier feiert die Ü-30-Generation mit guter Musik, ebenso guten Drinks, Kneitinger-Bier und gelegentlichen Livekonzerten.

**Festivals**

■ Das **Gäubodenfest** – elf Tage ab dem zweiten Augustwochenende – ist zwar ein bissl kleiner als das Münchner Oktoberfest, dafür auch nicht so überteuert.

■ An drei Tagen im Juli kann man beim **Jazz an der Donau** Stars der Jazzmusik hören (**www.jazzander donau.de**).

■ Das **Bluval-Festival** bringt im September die Musikstile zusammen: bayerisch oder jazzig, klassisch oder geistlich (**www.bluval.de**).

# *Maria auf dem Bogenberg 🔢

In 432 m Höhe steht die Wallfahrtskirche Unserer Lieben Frau erhaben über dem Donautal. Die günstige Lage nutzten Siedler schon in der Bronzezeit, als der Berg mit Wallanlagen befestigt wurde. Die erste Kirche entstand um 740, seit 1104 gibt es die Marienwallfahrt, nachdem ein steinernes Marienbild flussaufwärts schwimmend am Bogenberg gelandet war. Maria vom Bogenberg rettete im 15 Jh. die Vilshofener Waldler – seitdem werden jährlich zwei 13 m lange, zentnerschwere Kerzen – eigentlich mit rotem Wachs ummantelte Fichtenstämme – zu Pfingstsonntag in einer 75 km langen Pilgerprozession herbeigetragen. Bewirten lassen kann man sich im Berggasthof »Zur schönen Aussicht« (Bogenberg 6, Tel. 0 94 22/15 39, www.bogenberg.com; ●●●).

# Oberalteich 🔢

Wenige Kilometer westlich lohnt sich in Oberalteich ein Besuch der 1100 gegründeten, mit farbenfrohen Malereien und prächtigen Stuckaturen geschmückten **Klosterkirche St. Peter und Paul.**

# Bayurveda – Hopfenbad und Stollentherapie

### WellVital

Unter diesem Stichwort haben sich mehrere Anbieter zusammengeschlossen, die auch die natürliche Schönheit ihrer Umgebung als Teil des Wohlfühlprogramms betrachten. Spaziergänge in der Natur gehören wie Hot-Stone- oder Aromamassagen zum Wellnessprogramm. Bodenmais bietet mehrere WellVital-Häuser, aber auch im benachbarten Drachselsried, am Hohen Bogen und im Süden ist man diesem Prinzip verbunden.

### ■ Feriengut Böhmhof

**Böhmhof 1**
**94249 Bodenmais**
**Tel. 0 99 24/94 30**
**www.feriengut-boehmhof.de**
Das Winterspecial schließt sogar einen Skikurs mit ein! ●●●

### ■ Hotel Riederin

**Riederin 1** ][ **94249 Bodenmais**
**0 99 24/77 60** ][ **www.riederin.de**
Schönheitspflege nach dem Golfen, Saunagang zum Après-Ski, Schwimmen drinnen und draußen, Massagen vor und nach den Wanderungen rund um Arber und Silberberg – was braucht die Seele noch zum Baumeln? Traumhaft schöne Zimmer im Neubau, sehr gutes Essen. ●●●

### ■ Beauty-Vital- und Wellness-Hotel Birkenhof

**Auf der Rast 7** ][ **93479 Grafenau**
**Tel. 0 99 41/4 00 40**
**www.hotel-birkenhof.de.**
Tropendusche, acht Saunen und Farblichttherapie sorgen auch bei schlechtem Wetter für Wärme und leuchtendes Licht! Schönheitsfarm und Massagebereich sind zwei weitere Schwerpunkte des Hauses. ●●●

■ **Sport- & Ferienhotel Riedlberg**
**Riedlberg 1**
**94256 Drachselsried**
**Tel. 0 99 24/9 42 60**
**www.riedlberg.de**
Mitten im Wald liegt die herrliche
Anlage, deren fantasievoll gestaltete
Badelandschaft mit Wasserfällen und
Springquellen erfreut. Regelrechten
Kurlaub versprechen Salzstollen,
Kneipp-Anlage, Rückenschule,
Lymphdrainage und ein vielfältiges
Kosmetikprogramm. ●●●

■ **Haidmühler Hof**
**Max-Pangerl-Str. 11**
**94145 Haidmühle**
**Tel. 0 85 56/97 00**
**www.haidmuehler-hof.de**
Einsam und idyllisch im Dreiländereck
gelegen, bietet das modern ausge-
stattete Haus eine riesige Bade- und
Saunalandschaft sowie asiatische
Massagen. Abstecher nach Tschechien
und Österreich bieten Kurzweil, Nationalpark, Dreisesselberg und kilometer-
lange Radwege Ausflüge in die
Natur. ●●●

■ **Bier- und Wohlfühlhotel Gut
Riedelsbach**
**94089 Neureichenau**
**Tel. 0 85 83/9 60 40**
**www.gut-riedelsbach.de**
»Bierisch wohlfühlen« mit Bier-
sommelier, Brauerei und Biermuseum.
Nicht nur auf der Speisekarte, sondern
auch im sehr schönen Wellnessbereich
machen Hopfen und Treber von sich
reden. ●●

## Wasserwelten

In der **Aqacur Badewelt** in Bad
Kötzting lässt sich Wellness aus-
probieren: Sportlich ausarbeiten
kann man sich im 25-m-Becken;
Solebecken und Kneipp-Tret-
anlage fördern die Gesundheit,
das Wellenfreibad das Vergnügen.
Dazu gibt's Sauna, Dampfbad und
Fitness-Studios. Physio- und
Ergotherapie und Candle-Light-
Schwimmen sind die Düpferl auf
dem i für dieses Wasser-Juwel.

**Aqacur Badewelt**
**Bgm.-Seidl-Platz 1**
**Tel. 0 99 41/9 47 50**
**www.aqacur.de**
Mo 13–22, Di–Do 11–22, Fr 11–24,
Sa, So 10–22 Uhr.

## Familien-Wellness

Wellness mit Familie geht nicht?
Probieren Sie es aus – hier er-
füllen sich Wunschträume:

■ **Baby & Kleinkinder Resort
Ulrichshof**
**Zettisch 42 ][ 93485 Rimbach**
**Tel. 0 99 77/95 00**
**www.ulrichshof.com**
Das Biohotel bietet 80 Stunden Kinder-
betreuung pro Woche! Wasserrutsche,
Piraten- und Indianerfeste, Reiten und
Austoben im Gelände gibt's für die
Kleinen. Sauna, Massagen, Kosmetik,
Cocktailabende oder romantisches
Dinner für die Großen. ●●●

■ **Romantik-Familienhotel
Landhaus zur Ohe**
**Maukenreuth 1**
**94513 Schönberg**
**Tel. 0 85 54/9 60 70**
**www.familienromantik.de**
Ein großes Spielzimmer und viele
Draußen-Angebote auf den weit-
läufigen, autofernen Wiesen beschäftigen die Sprösslinge. Die Eltern lieben
das Himmelbettzimmer, ein Rosenbad
für zwei oder eine Nacht am kerzen-
beleuchteten Pool. ●●—●●●

# **Nationalpark Bayerischer Wald

### Nicht verpassen!

- Haus zur Wildnis
- Tier-Freigelände
- Glasmuseum Frauenau
- Aufstieg zum Rachel und Rachelsee
- Urwald im Watzlik-Hain
- Wasserfälle am Höllbachgespreng
- Wanderung am Lusen
- Freilichtmuseum Finsterau mit Kräuterey

# Zur Orientierung

1970 wurde im Bayerischen Wald der erste deutsche Nationalpark eröffnet. Nur 120 km² groß war er, 1997 kamen weitere 123 km² dazu. Bäume, wohin das Auge schaut – umgestürzte Riesen, deren Wurzelteller in die Luft ragen oder junges Gehölz, in dessen Schutz Wildsauen mit ihren Ferkeln leben: Im Nationalpark herrscht der Wald. Nur 2 % des Gebiets sind baumlos, hier gibt es Fels, Moore, Wasserläufe und Seen. Die großen Gipfel sind **Falkenstein** (1315 m), **Rachel** (1453 m) und **Lusen** (1373 m). Wanderer, Reiter und Radler finden speziell gekennzeichnete Pfade; im Winter wagen sich die Besucher auf Schneeschuhen in die Wildnis. Hauptattraktionen sind die Informationsstellen bei **Ludwigsthal** und **Neuschönau** – wo besonders die beiden Tier-Freigelände zur Entdeckung locken. Kinder begeistert das riesige Waldspielgelände in **Spiegelau.**

Abwechslung zum Naturprogramm bieten **Zwiesel** und **Frauenau,** wo Glasbläser und Glasmuseum zum Bestaunen der fragilen Kunst verführen. Auch in **Finsterau** wird traditionelles Handwerk lebendig: Der Dorfschmied zeigt seine Kunst, selbst mitmachen kann man beim Backen, Seife sieden oder Papier schöpfen.

Luchse fühlen sich hier wohl

## Touren in der Region

### Glashütten, Schachten und wilder Wald

> **9** St. Oswald-Riedlhütte ›
> Spiegelau › Rachel › Frauenau
> › Schachten › Haus zur
> Wildnis/Ludwigsthal ›
> Zwieslerwaldhaus › Zwiesel

**Länge:** 3–4 Tage, ca. 28 km (ohne Wanderungen)
**Praktische Hinweise:** Alle Ausflugziele und Wanderungen erreicht man zu Fuß oder per Waldbahn und Igelbus. Mit dem Bayerwald-Ticket gibt es viele Ermäßigungen.

Direkt am Rand des Nationalparks liegen einige der traditionsreichsten Glasorte im Bayerischen Wald – eine ideale Kombination, um Natur und Glasstraße im Wechsel zu erkunden. Von **St. Oswald › S. 106** ist es ein Katzensprung bis **Spiegelau › S. 105,** von wo eine Tageswanderung auf den **\*\*Rachel** führt. Vom höchsten Gipfel des Nationalparks ergeben sich herrliche Ausblicke bis weit ins böhmische Waldgebiet. Leuchtend bunt strahlt anderntags das Glas im wunderschön gestalteten Museum von **\*\*Frauenau › S. 102,** doch auch hier lockt die Natur mit Wanderungen zur **\*Talsperre** oder den hoch gelege-

━━**9**━ **Glashütten, Schachten und wilder Wald** St. Oswald-Riedlhütte ›
Spiegelau › Rachel › Frauenau › Schachten › Haus zur Wildnis/
Ludwigsthal › Zwieslerwaldhaus › Zwiesel

**Nationalpark Bayerischer Wald**

Auf den Spuren der Wald-
bewohner **Neuschönau ›**
**Lusen › Finsterau**

nen **Schachten** › S. 104. Der nächste Tag führt zunächst zum **\*\*Haus zur Wildnis** bei Ludwigsthal › S. 101, wo man alles rund um den Nationalpark erfährt. Wer möchte, schließt einen Abstecher zum **Zwieseler Waldhaus** › S. 101 mit zünftiger Brotzeit an, bevor es zum Schluss der Tour hinuntergeht in die Glasstadt **\*\*Zwiesel** › S. 97.

## Auf den Spuren der Waldbewohner

**10** Neuschönau › Lusen › Finsterau

**Länge:** 2–3 Tage, ca. 18 km, ohne Wanderungen
**Praktische Hinweise:** Ohne Wanderschuhe geht hier gar nix! Im Tier-Freigelände, v.a. aber beim Aufstieg zum Lusen, muss man gut zu Fuß sein. Tagesrucksack und Wetterschutz mitnehmen. Am besten quartiert man sich an einem Ort der Umgebung ein, z.B. in Altschönau, Waldhäuser oder St. Oswald, und unternimmt alle Teile der Tour von dort aus. Igelbusse sorgen für Hin- und Rückweg.

Diese Tour führt tief in den Nationalpark hinein: Allein im **\*\*Tier-Freigelände von Neuschönau** › S. 107 kann man sich einen ganzen Tag aufhalten – Wölfe, Braunbären, aber auch viele Vögel oder Wildschweine sind zu entdecken. Die Tageswanderung hinauf zum **\*\*Lusen** › S. 107 zeigt die Auswirkungen schwerer Stürme und

Im Freilichtmuseum Finsterau

### Auf Entdeckungstour in der Natur

Von Nationalpark-Rangern geführte Wanderungen, die nicht nur lehrreich sind, sondern auch allen Altersklassen viel Spaß machen, werden an vielen Stellen des Parks angeboten: beim Zwiesler Waldhaus mit Schwerpunkt Urwald, beim Haus zur Wildnis mit Fokus auf Ur-Zeiten oder beim Hans-Eisenmann-Haus auf Luchs-Pirsch. Abendliche Fackelwanderungen oder Frühaufstehertouren zum Sonnenaufgang sind genauso dabei wie Entdeckerprogramme für Kinder und Wanderungen zum tschechischen Nationalpark Šumava.

**Nationalpark Führungsservice**
Tel. 07 00 00/77 66 55
Fax 0 85 52/ 62 58 58
www.nationalpark-bayerischer-wald.de.

des Borkenkäfers – aber auch, wie der Wald sich regeneriert. Den Abschluss bildet der Besuch im **\*\*Freilichtmuseum Finsterau** ❯ S. 108 mit Wald-Bauernhäusern aus verschiedenen Zeiten. Probieren Sie in der Tafernwirtschaft und der Kräuterey doch mal, wie der Wald schmeckt!

# Verkehrsmittel

**Igelbusse** und **Waldbahn** sind ideale Zubringer zu Wander- und Radwegen in und am Nationalpark. Sie schonen darüber hinaus Umwelt und Geldbeutel und ermöglichen Touren mit unterschiedlichem Start- und Zielpunkt. Infobroschüren und aktuelle Fahrpläne liegen überall vor Ort aus. Die **Waldbahn** verbindet Zwiesel mit Bayerisch Eisenstein, Bodenmais, Regen sowie Spiegelau und Grafenau.

# Unterwegs in der Region

## **Zwiesel

Zwiesel verdankt seinen Namen dem doppelten – zwie-fachen – Flussbett des Kleinen und Großen Regen, die sich hier zum Schwarzen Regen vereinen. Auf 586 m Höhe liegt die Stadt in einem Tal, das von den großen Waldbergen Arber, Rachel, Falkenstein und Hennenkobel gerahmt wird. Seit 1421 ist Zwiesel ein Zentrum der Glasproduktion. Theresienthal und Annathal – die heutige Zwiesel Kristallglas AG – sind hier zuhause.

Der 12 000 Einwohner zählende Luftkurort pflegt mit der 1904 gegründeten Glasfachschule und dem Informationszentrum »Naturpark Bayerischer Wald« seine beiden Hauptattraktionen.

### Am Stadtplatz

Zwischen Kleinem und Großem Regen liegt der nach Osten ansteigende Stadtplatz mit dem im klassizistischen Stil gehaltenen **Rathaus** von 1838. Direkt gegenüber finden sich schon die ersten **\*Galerien für Glaskunst:** Die Glasbläsereien Schmid und Krauspe gehören zur jüngeren Generation, wie auch der Glaskünstler Hermann Ritterswürden, der mit seinen Glas-Bildteppichen und an-

Blick über Zwiesel auf den Großen Falkenstein

deren Kunstobjekten ins nahe ehemalige Forstamt bei der Stadtpfarrkirche umgezogen ist. Ein paar Schritte von Schmidt entfernt liegt ein Werksverkauf von Rosenthal.

Direkt hinter dem Rathaus gibt das **\*Zwieseler Waldmuseum**

## Die besten Glas-Adressen

■ Im **Glasdorf Weinfurtner** in **Arnbruck** bezaubert die Gartenanlage voller Glaskunst. ❯ S. 77

■ Die **Gläserne Scheune** bei **Viechtach** verbindet Glaskunst und Heimaterbe auf eindrucksvolle Weise. ❯ S. 79

■ Rekordhalter ist die Gläserne Pyramide der meistverkauften Trinkgläser der **Zwiesel Kristallglas AG.** ❯ S. 99

■ Nach Königin Therese wurde die **Manufaktur Theresienthal** in **Zwiesel** benannt. ❯ S. 99

■ Modern ist die Glaskunst der **Galerie Männerhaut.** ❯ S. 100

■ Ohne Voranmeldung kann man bei **Ambiente Kristall** in **Zwiesel** selbst Glaskugeln blasen. ❯ S. 100

■ Die **Glasmanufaktur des Freiherrn von Poschinger** in **Frauenau** zeigt die hohe Kunst des Glasblasens. ❯ S. 103

■ Eine Traditionshütte, die auch moderne Glaskunst fördert, ist die **Glashütte Valentin Eisch.** ❯ S. 103

■ Informativ und optisch ein Genuss ist das **Glasmuseum Frauenau.** ❯ S. 104

■ Das **Glasmuseum** in **Passau** zeigt über 30 000 erlesene Exponate aus böhmisch-bayerischer Produktion. ❯ S. 132

Einblick in den Wald – den Urwald, seine Tiere und Pflanzen, aber auch die Menschen, die mit und in ihm leben. Ein Glasmacherdorf en miniature veranschaulicht das Leben der frühen Glashüttengemeinden. Neben der großen Sammlung von Schnupftabakgläsern sind Werke zeitgenössischer Glaskünstler zu sehen. (Stadtplatz 27, Mo–Fr 9–17 Uhr, Sa, So, Fei 10–12, 14–16 Uhr, im Winter kürzer, im Nov. geschl.)

## St. Nikolaus und Mariä Namen

Der »Dom des Bayerischen Waldes« ist mit seinen 86 m hohen Spitztürmen das Wahrzeichen der Stadt – Turmbezwingern bietet sich von oben ein herrlicher Rundblick. Die Hallenkirche im neugotischen Stil wurde 1898 geweiht, die bunten Jugendstilfenster im Inneren strahlen im Sonnenlicht. Die um 1730 geschaffene Darstellung des gefesselten Heilands und eine Pieta von 1550 sowie das 1680 gefertigte silberne Votivrelief des hl. Nikolaus stehen in Kontrast zum modernen Mittelaltar. Die Eisenbarth-Orgel von 1990 ist der Star der Kirchenkonzerte.

Nur wenige Meter nordöstlich erhebt sich die Marienkapelle von 1767. Die vom kurfürstlichen Schreiber Casimir Brandt und seiner Gemahlin Anna 1682 gestiftete Kapelle wurde bald zum Ziel von Wallfahrten, was Papst Pius IX. mit dem sogenannten Bergablass von 1867 förderte: Wer zwischen dem 8. und 15. Septem-

Glasbläser bei der Arbeit

ber hier die Beichte ablegt, dem sind alle Sünden vergeben.

## Die Glashütten

Therese, die Gattin von König Ludwig I., war die Namenspatronin für die 1836 von Franz Steigerwald gegründete Glashütte »Theresien Thal«, die ihre Produkte mit der königlichen Krone auszeichnen durfte. Ihr berühmtester Glashüttenherr war Michael von Poschinger, der große Glasbaron. Waren aus dem Zwieseler Werk erlangten Weltberühmtheit, Kaiserin Eugenie, das Zarenhaus und der Märchenkönig Ludwig II. bestellten hier. Nach schwierigen Jahren um die Wende zum 21. Jahrhundert steht die Traditionswerkstätte als **Manufaktur Theresienthal** dank der Eigeninitiative der verbliebenen Mitarbeiter heute wieder mit an der Spitze der Glasmacherkunst. Das **Glas-**museum Theresienthal demonstriert die Entwicklung der Hütte. (Theresienthal 25, Tel. 0 99 22/ 50 09 30, Zuschauen am Glasofen: Mo–Do 10–14.30 Uhr, Verkauf: Fr 10–13 Uhr, Lagerverkauf: Mo bis Fr 12–16.30, Sa 10–16 Uhr, Glasmuseum: Mo–Fr 10–14 Uhr).

Als weiterer weltberühmter Traditionsbetrieb entstand 1872 die Manufaktur Annathal, die nach 1927 von der Jenaer Firma Schott übernommen wurde und heute unter dem Namen **Zwiesel Kristallglas AG** firmiert. Ihr Schwerpunkt liegt auf Tafelglas, das in Rekordzahlen produziert wird. Folgerichtig verdiente man sich einen Eintrag ins Guinnessbuch. Diese Spitzenleistung symbolisiert seit 2007 die **Glaspyramide:** 93 665 Gläser wurden zu dem knapp 10 m hohen und elf Tonnen schweren Kunstwerk übereinander getürmt. Im Laden in der **Galerie Gläserner Winkel** stellt eine ganze Reihe junger Glaskünstler ihre Werke aus.

### Info

**Informationshaus Naturpark Bayerischer Wald**
Info-Zentrum 3
94227 Zwiesel-Süd
Tel. 0 99 22/80 24 80
www.naturpark-bayer-wald.de
Di–So 9.30 bis 16.30 Uhr
Holz lieferte den Baustoff für ein Nullenergiehaus, das neben vielen Informationen zum Energiesparen das Thema Mensch und Natur im Wandel der Zeit illustriert. Darüber hinaus gibt es Tipps und Karten für Wanderungen in der Umgebung. Für Inhaber einer Kurkarte ist <mark>die Benutzung der Stadtbusses kostenlos.</mark>

### Unterkunft

■ **Hotel Bavaria – Familie Reubel**
Lindenweg 9
94227 Zwiesel
Tel. 0 99 22/85 50
www.hotel-zwiesel.de
In schöner Lage am Waldrand bietet man im gemütlichen 4-Sterne-Haus Wohlfühlurlaub mit feiner Küche, Wellness-Angeboten und Golf-Arrangements. Hallenbad, Freibad, Sauna, Solarium, Dampfbad. ●●–●●●

■ **Familienbauernhof Wenzl**
Bärnzell 18
94227 Zwiesel
Tel. 0 99 22/13 27
www.familienbauernhof-wenzl.de
Mit 5 Bärchen als kinderfreundlicher Betrieb ausgezeichnet. Reiterhof (3 Ponys, 4 Haflinger), Sauna, 6 Ferienwohnungen in 2 Häusern, Gastpferdeboxen. ●–●●

### Restaurants

■ **Restaurant Zur Waldbahn**
Bahnhofsplatz 2
Tel. 0 99 22/85 70
www.zurwaldbahn.de
Mit dem Ehrenpreis des Wettbewerbs Bayerische Küche ausgezeichnet, setzt der Chef auf <mark>regionale Spezialitäten.</mark> Gartenterrasse und Biergarten. ●●●

■ **Dampfbierbrauerei**
Regener Str. 9
Tel. 0 99 22/8 46 60
Mo–Fr 13–16 Uhr
In der originalgetreu nachgebauten Schänke wird das seit 1889 aus Gerstenmalz, Hefe und wenig Hopfen in offenen Bottichen gebraute Dampfbier ausgeschenkt (Führungen mit Anmeldung Di, Fr 14 Uhr). ●

### Shopping

■ Über Bayerns Grenzen hinaus bekannt sind die Künstler der <mark>Galerie Männerhaut</mark> (www.maennerhaut.de). Souvenirs aus Glas zeigen zwei junge Glaskünstler im Atelier **Frisches Glas** (beide **Theresienthal 27**). In der Nähe gibt es außerdem einen Werksverkauf von **Rosenthal.**

■ In den **Zwiesel Kristallglas Arkaden** (**Dr.-Schott-Str. 35, Tel. 0 99 22/ 9 82 49**) kann man am am Glasofen zuschauen (Mo–Do 9.30–14.45, Fr 9.30–13 Uhr, Führungen: Mo–Fr 11 Uhr, Werksverkauf: Mo–Fr 9–18 Uhr, Sa 9–16 Uhr). Außer Glas gibt es hier u.a. einen Werksverkauf von **Seltmann.**

■ Das jüngste Glaswerk am Ort ist die **Ambiente Kristall Zwiesel GmbH** (**Frauenauerstr. 110, Tel. 0 99 22/ 8 47 60**). Mo–Fr 10–15 Uhr gibt es dort <mark>Vorführungen der Glasbläser,</mark> und wer mag, darf sich auch selbst dran versuchen.

## 6 **Haus zur Wildnis** 2

Das Nationalpark-Besucherzentrum bei **Ludwigsthal** nördlich von Zwiesel will Besucher mit dem Leben des Urwalds vertraut machen. Dazu kann man im hauseigenen 3-D-Kino auf Wildnisreise gehen, im Wurzelgang einen Blick in die Unterwelt werfen und im Tier-Freigelände zur Wolf-, Urrind- und Wildpferdsuche starten. Sehr anschaulich wird, wie sich das Gesicht des Urwalds im Wechsel der Jahres- und Tageszeiten verändert. Eine Steinzeithöhle nimmt den Besucher mit auf eine Zeitreise, bei der man auch erfährt, dass das Thema Klimawandel schon vor Tausenden von Jahren aktuell war! (Tgl. 9.30 bis 18 Uhr, Tel. 0 99 22/50 02 10 00, www.nationalpark-bayerischerwald.de.)

## *Falkenstein und **Höllbachgespreng

Um den Großen Falkenstein existieren die ältesten Urwaldgebiete im Wald, denn das unwegsame Gebiet lohnte kaum eine wirtschaftliche Nutzung. Von **Zwieslerwaldhaus** 3 starten zwei Wege (Schwarzstorch und Ameise, je 1 bis 2 Std., ca. 5 km) zu den Urwäldern **Mittelsteighütte** und **Watzlik-Hain,** deutlich anspruchsvoller sind die Wege zur Ostflanke des Falkensteins und

Im Höllbachgespreng

zur **Höllbachgespreng** mit ihren eindrucksvollen Wasserfällen im schluchtartigen Felseinschnitt (Wege Heidelbeere und Silberblatt; ca. 650 m Höhenunterschied, 4–5 Std.).

### Unterkunft

**Zwieseler Waldhaus**
**94227 Lindberg**
**Ortsteil Zwieslerwaldhaus 28/30**
**Tel. 0 99 25/90 20 20**
**www.zwieselerwaldhaus.de**
Das historische Hotel und Gasthaus ist ideal als Start oder Ziel bei Wanderungen rund um den Falkenstein. Urigbayerisch mit regionaler Küche. ●●

## Bayerisch Eisenstein 4

Der Luftkurort liegt direkt an der Grenze, die tatsächlich mitten durchs Bahnhofsgebäude läuft. Als Bergwerksort unter böhmischer Herrschaft 1569 gegründet, ging der Ort bald in bayerischen Besitz über. Aufschwung brachte die Eröffnung der Bahnstrecke

Deggendorf-Pilsen, doch nach dem Zweiten Weltkrieg schloss sich der Eiserne Vorhang – erst 1991 wurde der grenzüberschreitende Bahnverkehr wieder aufgenommen.

Das **Localbahnmuseum** zeigt wunderbare alte Dampfloks und organisiert Fahrten in historischen Zügen (Tel. 0 99 25/13 76, www.localbahnverein.de, Do–So 10.30–15 Uhr, April–Jan. bis 16 Uhr, während der Schulferien tgl. geöffnet).

**Brunnenhof**
**Am Buchenacker 7**
**94252 Bayerisch Eisenstein**
**Tel. 0 99 25/4 67**
**www.brunnenhof-eisenstein.de**
In Südlage am Waldrand, mit eigener Skischule, direktem Zugang zu Loipen und Skilift, schöner Liegewiese und 2007 eröffneter Bade-Sauna-Beauty-welt. Zimmer oder Appartements. ●●

Keine Angst vor Kalorien – wenn Sie im **Schwellhäusl** zum Essen einkehren, können Sie vorher und nachher alle Sünden abwandern. Das histori-

sche Waldgasthaus erreichen Sie über den Wanderweg Bussard (1 Std.) von Bayerisch Eisenstein aus. (**Schwellhäusl 310, Tel. 0 99 25/4 60**, tgl. 10–18.30 Uhr, Nov. geschl.) ●●

## **\*\*Frauenau** 5

Der Erholungsort nennt sich gern das »gläserne Herz« des Waldes, lag hier doch schon vor 600 Jahren eines der wichtigsten Zentren der Glasproduktion. Die Erstbesiedlung begann 1324 mit dem Rodungsmönch Hermann aus Niederaltaich, ihm folgte Hartwig der Degenberger mit einem wundertätigen Marienbild, das bald zum Ziel einer Wallfahrt wurde. Seit 1420 ließen sich Glashütten in der waldreichen Gegend nieder, heute sind noch zwei Manufakturen vor Ort.

Zum **Auer Kirda** am Wochenende nach dem 15. August steht Frauenau Kopf. Statt Weihnachtsgeld zahlen die Betriebe hier Kirda-Geld!

In Oberfrauenau kann man auf dem **Jagdfalkenhof** u.a. Lannerfalken und einen Wüstenbussard bewundern (Mai bis zweiter So

## Wandern von Bayerisch Eisenstein nach Zwiesel

Eine der schönsten Wanderungen im Wald (15 km, 140 m Höhenunterschied, gute Wege) führt von Bayerisch Eisenstein bis Zwiesel. Beim Sportplatz beginnt der mit einer blauen Welle auf weißem Grund ausgeschilderte Weg. Unterwegs passiert man historische Glashütten und -schleifereien wie die Regentalhütte (tgl. 9–17 Uhr). Weiter geht es bis Ludwigsthal, wo ein Abstecher in den Nationalpark lockt. Alle, die sich den letzten Kilometern nicht gewachsen fühlen, können ab hier die stündlich fahrende Waldbahn nutzen. Auf den tapferen Wanderer wartet jedoch noch die alte Holztriftanlage von Fällenrechen.

## Glashütten in Gefahr

Seit der Errichtung der ersten Waldglashütte um 1420 brachte der zerbrech-
liche Werkstoff Bewegung in den Wald: wirtschaftlichen Aufschwung, künstlerischen Elan, aber immer wieder auch dramatischen Niedergang. Die letzten
Jahre waren besonders hart für die Männer am Glasofen. Weltweite Konkurrenz und die Industrieglasproduktion machen ihre mundgeblasenen Produkte
zu Liebhaberobjekten. Nur wenige der großen Manufakturen überlebten – in-
dem sie Teile der Produktion ins Ausland verlagerten oder ihre Selbstständig-
keit aufgaben. Theresienthal in Zwiesel (> S. 99) wird von wenigen verbliebenen Mitarbeitern weitergeführt. 2008 und 2009 traf es im Süden des Waldes
gleich zwei Orte hart: In St. Oswald-Riedlhütte wie auch in Spiegelau wurden
die Produktion eingestellt – die Hoffnungen, die man 2004 nach der Übernah-
me durch Nachtmann-Riedl auf die neuen Inhaber gesetzt hatte, zersplitterten.

Das **Glashüttengut von Poschinger** in Oberfrauenau (Moosauhütte 14,
www.poschinger.de) stattete schon Kaiser, Fürsten sowie Luftschiffe aufs Feins-
te mit seinen Produkten aus. Diversifizierung rettete bis heute die Existenz:
Neben der Glasmanufaktur gehören zum Gut ein Wildgehege, eine Metzgerei,
ein schöner Gasthof mit Biergarten sowie Forst- und Landwirtschaft.

Der Frauenauer **Glashütte Valentin Eisch** (Am Steg 7, www.eisch.de) gelang
es dank innovativer Technik und der Erfindung der »atmenden Weingläser«
dem Druck der Konkurrenz zu widerstehen – aber auch Eisch lässt z.T. im Ausland produzieren. Erwin Eisch gehört als Mitbegründer der Studioglasbewe-
gung zu den international bekannten Glaskünstlern. Die **Galerie der Glashütte Eisch** direkt neben dem Glasmuseum in Frauenau zeigt immer wieder
spannende Ausstellungen mit Kunst aus Glas, und das **Bild-Werk Frauenau
sorgt mit Workshops, zu denen Künstler aus aller Welt kommen, für Über-
raschungen** (Moosaustr. 18 a, www.bild-werk-frauenau.de).

Im Glasmuseum Frauenau

im Okt. Di–Fr, So 15–17.30 Uhr, Tel. 01 71/8 22 18 42, www.falknerei-lindl.de). Im Winter gibt es täglich. Hawking, eine Wanderung mit Greifvogelbeobachtung.

**⑦ **Glasmuseum**

Wissen Sie, was ein Bixl ist? Oder wann Glas geschunden wird? Dieses Museum sorgt im Wortsinn für Durchblick! ==Glasherstellung von der Antike bis in die Neuzeit== wird sehr anschaulich und informativ präsentiert, viel Licht fällt durch die großen Fenster und bringt die Exponate zum Leuchten. Das Modell eines Glasschmelzofens und die Werkbank des Glasmalers und -schleifers bringen Leben in die Ausstellung. Modernes Studioglas ist ebenso zu sehen wie alte Kirchenfenster oder edle Gläser aus dem Mit-

telalter. (Am Museumspark 1, Tel. 0 99 26/94 10 20, www.glasmuseum-frauenau.de, Mo–Fr 9–17 Uhr, Sa, So 10–16 Uhr, Mitte Nov. bis 20. Dez. geschl.)

## Von der *Trinkwassertalsperre zu Schachten und Filzen

Der Kleine Regen speist Deutschlands höchsten Natur-Staudamm, die **Trinkwassertalsperre Frauenau** ⑥ mit einem Fassungsvermögen von knapp 22 Mio. m³.

Hier starten schöne Wanderwege zu den **Schachten** (= Waldweiden) und **Filzen** (= Hochmooren) der Umgebung. Die Schachten, Weideflächen auf Lichtungen mitten im Wald, sind Relikte einer früheren Nutzung: In den Sommermonaten durften die Bauern auf den Hochflächen ihre Rinder grasen lassen. Auf den Lichtungen konnten sich die Bäume zu stattlichen Riesen auswachsen. Die historischen Freiflächen werden von der Nationalparkverwaltung geschützt.

Der 2,5 km lange *Erlebnisweg »Schachten und Filze« (Markierung Wolf) ist auch über den Mountainbike-Rundweg 6 (Start: Lindberg, 60 km, schwer, 761 m Höhenunterschied) zu erreichen.

### Unterkunft

**Hotel St. Florian**
Althüttenstr. 22
94258 Frauenau
Tel. 0 99 26/95 20
www.st-florian.de
Vier Sterne zeichnen das familiär geführte, sehr angenehme Haus aus.

Gute Küche, gepflegte Zimmer und eine großzügige Bad- und Wellnessanlage sorgen für wohlige Entspannung. ●●

# Spiegelau 7
# und **Rachel

Vom alten Glasort **Spiegelau** lassen sich viele Ziele im Nationalpark gut erreichen. Für Familien besonders attraktiv ist das riesige ***Waldspielgelände** (› S. 23) am Ortsrand mit Spielplätzen und Naturerlebnispfad.

Den **Rachel,** mit 1453 m der höchste Gipfel im Nationalpark und nach dem Großen Arber der zweithöchste des ganzen Bayerwalds, erreicht man am besten über **Gfäll** 8 (950 m Höhe, Haltestelle Igelbus). Der mit dem Auerhahn gezeichnete Weg (500 Höhenmeter, ca. 4 Std.) steigt steil an, bis man sich im **Waldschmidthaus** auf 1360 m Höhe

mit **bayerischen Schmankerln stärken und auch übernachten** kann (April/Mai–Okt./Nov., Tel. 01 72/7 85 03 62, www.wald schmidthaus.eu, ●).

Ein kleiner Abstecher nach Westen erlaubt einen schönen Blick hinunter auf den Rachelsee, ein paar Meter auf dem Buchenauer Rachelsteig führen zur **Rachelwiese.** Hier oben sind die Auswirkungen von Stürmen, Klimaschwankungen und Borkenkäfer gut zu erkennen. Abgestorbene Fichtenstämme ragen in die Luft, in Bodennähe aber sprießt neues Leben. Über Steinstufen geht es zum Gipfel, der eine herrliche Rundumsicht bietet.

Nächste Etappenziele sind **Rachelkapelle** und der malerisch von Urwald gerahmte **Rachelsee.**

Über Roßstall geht es dann bergab entweder Richtung Spiegelau oder zur Racheldiensthütte (Markierung Specht; Igelbus) in herrlicher Lage.

---

## Urwaldsorgen

Der Borkenkäfer war und ist für viele Woidler das große Feindbild, denn wann immer er in großer Zahl auftritt, sterben massenweise Bäume. Kein Wunder, dass die Waldbauern, die von gesundem Holz leben, das Verbot jeglicher Schädlingsbekämpfung im Schutzgebiet fürchteten (› auch S. 33). Auch Waldbesucher reagierten verstört: Naturschutz und sterbende Fichten – kahle Berggipfel statt sattgrüner Wälder? Viel Aufklärung war nötig, um zu vermitteln, dass ein naturbelassener Urwald auf seine Weise mit Naturkatastrophen umzugehen weiß. Heute bleibt mit Ausnahme einer Schutzzone zum Nutzforst der Waldbauern der Wald mit all seinen Lebewesen sich selbst überlassen. Mäuse, Hermelin, Bussard oder Kauz fühlen sich im Totholz wohl, in seinem Schatten gedeihen Heidelbeeren und Pilze, auf den neuen Lichtungen blüht und summt es. Anschaulich wird dieser Selbstheilungsprozess der Natur am ca. 1,3 km langen Lehrpfad **Seelensteig** nördlich von Spiegelau.

# St. Oswald-Riedlhütte 🟨9

Die kleinen Orte der Gemeinde St. Oswald-Riedlhütte sind ruhige Ferienorte direkt am Nationalpark. Das heilkräftige Quellwasser bei der Bründlkapelle in St. Oswald war schon in vorchristlicher Zeit bekannt. Im 14. Jh. wurde es zum Ziel vieler Pilger – Augenleiden und sämtliche Viehkrankheiten sollte es heilen. Anderes Heil im Wasser suchten Goldwäscher, auf deren Spuren heutige Besucher am Goldwaschplatz ihr Glück versuchen können.

Die Entstehung des Bayerischen Waldes und das harte Leben der Waldbauern, Holzarbeiter und ersten Glasbläser ist Thema des **Waldgeschichtlichen Museums** in St. Oswald, das voraussichtlich Mitte 2010 wieder eröffnet wird. In Zusammenhang mit der Besiedlungsgeschichte und

dem Walderleben sind die **Themenwanderwege** der Umgebung entstanden – auf 17 km kann man sich viele Erkenntnisse erlaufen.

## Unterkunft

■ **Bio-Hotel Pausnhof**
**Goldener Steig 7**
**94568 St. Oswald**
**Tel. 0 85 52/40 88 60**
**www.pausnhof.de**
Modernes und Traditionelles ist hier schön vereint. Das Haus gehört zu den zertifizierten Bio-Hotels. Alles, was aus der Küche kommt, ist biologisch und vorwiegend aus der Region, das Fleisch stammt aus der eigenen artgerechten Tierzucht. ●●

■ **Grashöfle**
**Totenmanner Weg 24**
**St. Oswald**
**Tel. 0 85 52/692**
**www.grashoefle-ferien.de**
Liebevoll renoviertes Bauernhaus mit Wiese, Teich und uriger Freilandsauna. Der engagierten Chefin fällt immer was ein, so dass sich weder Jung noch Alt langweilen. ●●

Echt
gut

■ **Familien-Ferienhof**
**Bayerwaldblick**
**Poststr. 14 a**
**94568 St. Oswald**
**Tel. 0 85 52/39 39**
**www.ferienhof-schreiner.de**
Hier ist einiges geboten: eigene Pferde (Reitunterricht), Kutschfahrten, Lagerfeuer- und Grillplatz. Ausgezeichnet mit vier Bärchen. ●

## Shopping

■ **Glasscherben Köck**
**Forsthausstr. 2**
**94566 Riedlhütte**
**Tel. 0 85 53/23 34**

Wölfe im Tier-Freigelände

Eine Kombination aus Wirtschaft, Glashütte und Glasgalerie, in der man gut eine Stunde verweilen kann. Vorführungen am Glasofen kann man bei Kaffee und Kuchen oder einer deftigen Brotzeit bewundern.

■ **Katzen-Galerie**
Anton-Hilz-Str. 21
94566 Riedlhütte
Tel. 0 85 53/ 9 11 11
www.katzen-galerie.de

 Wer ein Faible für ==bunte und fantasievolle Bilder== aus dem Reich der Natur, der Tiere und der Fabelwesen hat, sollte Susanne Schreiner-Zuda besuchen.

# Neuschönau und Umgebung

Als erstes großes Infozentrum zum Nationalpark entstand nahe Neuschönau das **\*Hans-Eisenmann-Haus**. Im Ausstellungsbereich sind Bäume, Böden, Energie aus der Natur und der Treibhauseffekt wichtige Themen. Mehr als 700 Pflanzenarten erschließt ein Rundgang im Pflanzen-Freigelände, daran angeschlossen ist ein Gesteins-Freigelände (Tel. 0 85 58/9 61 50, tgl. 9–17 Uhr, 15. Jan.–15. März 9–16 Uhr.)

## \*\*Tier-Freigelände

Im Tier-Freigelände kann man auf langen Spazierwegen die Tierwelt kennenlernen, die früher frei in den tiefen Wäldern des Gebirges lebte – darunter Braunbären, Wisente, Wölfe, Rothirsche, Wildschweine, Otter, Biber und Luchse (❯ S. 22).

Stürme und Borkenkäfer haben den Wald am Lusen sehr zugesetzt

## Die Himmelsleiter zum \*\*Lusen

Den Lusen besteigt man am besten von den Igelbus-Haltestellen **Waldhäuser** oder Lusen Schutzhütte aus. Allen Aufstiegsvarianten (2,5 bis 3,5 Std.) gemein ist der letzte Steilanstieg über die Himmelsleiter hinauf zum kahlen, aus großen Granitblöcken bestehenden Gipfel. Ein eindrucksvolles Zeugnis dafür, wie der Wald auf den Befall mit Borkenkäfern reagiert, gibt der Hochwaldsteig.

### Unterkunft

■ **Pension Draxlerhof**
Lusenstr. 50 ][ 94556 Waldhäuser
Tel. 0 85 53/26 69
www.draxlerhof.de
Vier Bärchen für Kinderfreundlichkeit hat die »höchstgelegene Pension im

Wald« verdient. Freundliche Ausstattung, Bibliothek, Spielzimmer, Sauna. Das urige Draxlerhäusl ist ein stilechtes Waldlerhaus (nur Mai–Sept.) ●–●●

■ **Landhotel Moorhof**
Schönauerstr. 42 ][
94556 Altschönau
Tel. 0 85 52/18 33
www.hotelmoorhof.de
Sehr hell und freundlich sind die 20 Zimmer, das Tier-Freigehege liegt fast vor der Tür, ein eigenes Wildgehege liefert Fleisch für die gute Küche des Hauses. ●

### Luchs, Auerhuhn & Co

Lynx lynx, der Luchs, war Mitte des 19. Jhs. in Deutschland ausgerottet. Der sehr scheue, überwiegend dämmerungs- und nachtaktive Einzelgänger mit den Puschelohren konnte mittlerweile jedoch in einigen Schutzgebieten wieder eingebürgert werden. In den Bayerischen Wald ist eine kleine Population aus dem benachbarten Böhmen eingewandert.

Als äußerst zivilisationsscheu gelten auch Auerhühner (Tetrao urogallus), die sich gerne im dichten Unterholz von Nadelwäldern aufhalten. Geschlafen wird allerdings auf einem erhöhten Standplatz im Ruhebaum. Noch nicht oder nicht mehr in freier Wildbahn trifft man im Nationalpark auf Wölfe und Bären, dafür sind Wildkatzen und Otter wenigstens in kleinen Beständen hier zuhause. Ob die Elche, die zumindest vorübergehend im Nationalparkgebiet gesichtet wurden, hier heimisch werden, muss die Zukunft zeigen.

**Aktivitäten**

■ **Klangmassagen und Klangmeditation** sind eine ganz eigene Erfahrung. Probieren Sie es im **Klangraum** zu fairen Preisen aus (**Rosalinde Link, Forstwaldstr. 4, Neuschönau, Tel. 0 85 58/97 36 61**). Echt gu

■ Jedes Jahr im Juli zeigt das **Filmfestival NaturVision** in Hans-Eisenmann-Haus Dokumentarfilme zum Thema Natur (**www.natur-vision.de**).

## **Freilichtmuseum Finsterau** ⑪

Im Südosten des Nationalparks sind **Bauernhäuser aus verschiedenen Jahrhunderten** zu einem neuen Ensemble zusammengestellt worden. Abwechslungsreiche Programme stellen Handwerk aus den alten Zeiten vor und laden zum Mitmachen ein. Im Winter, wenn der Schnee unter den Stiefeln knirscht und der Glühwein im Glas dampft, ist der Besuch ein ganz besonderes Erlebnis! (25. Dez. bis April 11–16 Uhr, Mai bis Sept. 9–18 Uhr, Okt. 9–16 Uhr; Museumsstr. 51, 94151 Finsterau, Tel. 0 85 57/9 60 60, www.freilichtmuseum.de.) Echt gu

In der **Kräuterey** des Freilichtmuseums gibt es allerhand aus Kräutern und Beeren (www.kraeuterey-im-museum.de).

Bayerisch-böhmische Schmankerl serviert in urgemütlicher Atmosphäre mitten im Museumsdorf die **Tafernwirtschaft Ehrn** (Tel. 0 85 57/3 77, ●–●●). Echt gu

*Auf dem Dreisesselberg*

# *Abteiland

## Nicht verpassen!

- Durch die Buchberger Leite wandern
- Im Keltendorf Gabreta dem Leben der Eisenzeit nachspüren
- Besuch im Museumsdorf Bayerischer Wald Tittling
- Schlittenfahren im Haidelgebiet
- Auf dem Drei-Länder-Radweg durch Bayern, Tschechien und Österreich fahren
- Durchs Steinerne Meer zum Dreisesselberg aufsteigen

# Zur Orientierung

Der Süden des bayerischen Walds bietet alle landschaftlichen Schönheiten: Wälder, sanfte Hügel, Felder, schöne Ortschaften, wunderbare Aussichten – vor allem im Osten schweift der Blick immer weiter und, man erkennt die von Adalbert Stifter so treffend beschriebenen Waldwogen. In der vom Massentourismus noch unentdeckt gebliebenen Region zwischen Bayern, Tschechien und Österreich finden sich schöne Rad- und Wandertouren, sind manche unerwartete Entdeckungen zu machen.

Abteiland heißt das Gebiet, das sich nordöstlich von Passau erstreckt und von Ilz und Donau begrenzt wird. Seinen Namen erhielt es, da es vom 11. Jh. bis zur Säkularisation im Besitz des Frauenklosters Niedernburg bzw. des fürstbischöflichen Hochstifts in Passau war. Hier verliefen die Handelswege der Goldenen Steige, auf denen nach den Salzsäumern auch die Glas- und Tuchhändler entlang zogen. Auf ihren Spuren kann man herrlich wandern oder radeln.

Im herberen Norden liegt **Freyung** in direkter Nachbarschaft zum Nationalpark, von hier lockt ein Abstecher über die Grenze nach Tschechien. Das von bewaldeten Hügeln gerahmte **Waldkirchen** ist ein charmanter Anziehungspunkt im lieblicheren Süden. Daneben bieten **Grafenau** mit seinem Salzsäumerfest auf der Burg, die Granitstadt **Hauzenberg**, das Museumsdorf bei **Tittling** und die Westernstadt Pullman City bei **Eging am See** Abwechslung.

In vielen Orten entlang dem Goldenen Steig feiert man Säumerfeste

# Touren in der Region

## Von Waldwoge zu Waldwoge

⑪ Haidmühle › Dreisessel › Lackenhäuser › Breitenberg › Wegscheid › Hauzenberg

**Länge:** 2–3 Tage; ca. 55 km (ohne Wanderungen)
**Praktische Hinweise:** In der Grenzregion ist man am besten mit dem Pkw unterwegs. Nehmen Sie Ausweis und Kfz-Papiere mit – mitunter ist man unversehens auf kleinen Landstraßen im Nachbarland unterwegs. Da die Entfernungen kurz sind, können Sie die Tour nach Belieben auch von einem einzigen Ort aus unternehmen und jeweils abends dorthin zurückkehren. Für die Wanderung am Dreisessel oder andere Streifzüge in die Natur brauchen Sie festes Schuhwerk und ggf. einen Rucksack.

Ob im Sommer oder im Winter, um den **Haidel** › S. 120 ruft die Natur zum Sport. Wander- und Radwege oder Ski- und Rodelpisten – nirgends herrscht Gedränge, und **Haidmühle** › S. 120 ist ein guter Ausgangspunkt. Zum **\*\*Dreisessel** › S. 121, der zu den schönsten Aussichtsbergen der Region gehört, gibt es viele Wege; eine Tageswanderung führt von **Lackenhäuser** durchs **\*Steinerne Meer** und zum **\*Plöckenstein-See** auf der tschechischen Seite.

Adalbert Stifter liebte die Region, und wer mit Zeit und Muße – und vielleicht einem Picknickkorb im Gepäck – hier unterwegs ist, wird das verstehen. Dörfer wie Kramerschlag bei Wegscheid wirken mit ihren liebevoll bepflanzten Vorgärten und Balkonkästen wie aus dem Bilderbuch. In **Breitenberg** und **\*Wegscheid** › S. 122 lebt die Tradition der Weberei noch fort – Museum und Deutschlands größte Handweberei lohnen einen Besuch. Unbedingt sehenswert sind die **\*Stein-Welten Hauzenberg** › S. 123: Bunt funkelnde Mineralien, schwerer Granit und eine schöne Dokumentation zur Arbeit am und im Berg werden geboten.

## Auf Säumerpfaden

⑫ Waldkirchen › Schiefweg › Freyung › Haidelregion › Philippsreut

**Länge:** 2 Tage; ca. 45 km
**Praktische Hinweise:** Für diese Tour wählt man am besten den Pkw. Zwischen Waldkirchen, Röhrnbach und Freyung können Wanderer dem Bergreichensteiner Weg folgen, einem Teilstück des Goldenen Steigs (östl. Variante über Harsdorf, ca. 10 km; www.ostbayern-downloads.de/pdf/goldener steig.pdf).

Diese Tour zeigt den Wandel von der sanft-hügeligen Landschaft des Abteilandes bis zur herben, im Winter tief verschneiten Gebirgsregion an der Grenze. Dazu setzen die Orte Akzente – *Wald-kirchen › S. 113 als städtisches Zentrum im südlichen Wald hat v.a. an Sonnentagen einen besonderen Charme, sein *Museum Goldener Steig ist unbedingt sehenswert! Heimatverbunden, feministisch und rebellisch war Emerenz Meier – und das Ende des 19. Jhs! Grund genug, ihrem Geburtshaus in **Schiefweg** › S. 114 einen Besuch abzustatten, zumal

die gute Wirtschaft zur Einkehr verführt. In **Freyung** › S. 114 locken Schloss Wolfstein und der heilige Suppenbrunzer, bevor Sie am nächsten Tag wieder die Natur ins Freie zieht: Von **Grainet** aus lohnt sich der Aufstieg zum Aussichtsturm auf dem **Haidel** › S. 120, von **Philippsreut** › S. 119 locken vielfältige Tourenmöglichkeiten hinein in den Böhmerwald beidseits der Grenze.

# Unterwegs im Abteiland

## *Waldkirchen 1

Die Gründungslegende erzählt von einem verirrten Ritter, der in seiner Not gelobte, eine Kirche zu errichten – wenn er nur mit heiler Haut wieder herausfände aus dem dichten Baumgewirr. Im Jahr 1203 wird Waldkirchen erstmals erwähnt, schon 1285 mit Marktrechten und einer Gerichtsbarkeit ausgestattet, woran alljährlich die Marktrichtertage erinnern.

Heute ist Waldkirchen mit über 10 000 Einwohnern die größte Stadt im südlichen Bayerischen Wald. Um die Altstadt zieht sich eine noch weitgehend erhaltene Mauer mit zwölf Türmen, die Fürstbischof Ulrich zwischen 1460 und 1470 erbauen ließ.

In einem der Wehrtürme der Stadtmauer befindet sich das **\*Museum Goldener Steig.** Als ältestes Handelsgut, das nach Osten verfrachtet wurde, ist das Salz ein wichtiges Thema. Mit dem Modell eines Säumerzugs, eines Salzhändlerzugs mit Packpferden, wird das Hauptthema des Museums lebendig veranschaulicht – Hufeisen, Sättel und Wanderstöcke ergänzen die Sammlung. (Büchl 22, Mai–Okt., 25. 12.–6. 1., Palmsonntag bis Weißer Sonntag Di bis So 14–16 Uhr.)

Auf dem **\*Marktplatz** bleibt der Blick immer wieder an Hausecken hängen, die von knapp 1 m großen bunten Figuren ge-schmückt sind. Da steht der ewige Hochzeiter in rotem Frack, seine Braut schräg gegenüber wirft ihm sehnsuchtsvolle Blicke zu. Etwas weiter unten am Platz hält der Wirt schon Schwein und Bier parat, während noch ein paar Schritte weiter der Marktrichter mit Talar und Gesetzbuch die Ordnung der Stadt repräsentiert. Die ursprüngliche Funktion dieser granitenen **Eckensteher** war der Schutz des Hausecks vor allzu knapp um die Kurve fahrenden Kutschen und Wagen.

Alljährlich Ende Juli verwandelt sich der Marktplatz für zwei Tage in eine Bühne: In historischen Gewändern lassen die Waldkirchener die Erinnerung an

Der Wirt an der Ecke

die **Marktrichter** wieder aufstehen. Anfang August lockt dann das **Fest der Dreschersuppe** hierher: Die Bauern der Umgebung zeigen, wie früher die Getreideernte vor sich ging.

### Unterkunft

**Fronga-Hof**
**Böhmzwiesel 1**
**Tel. 0 85 81/6 42**
**www.frongahof.de**
Mit vier Bärchen für Kinderfreundlichkeit ist das baby- und kindgerechte Haus ausgezeichnet, aber auch Wandergäste fühlen sich hier rundum wohl. In der Nähe liegt der Golfplatz (Greenfee-Ermäßigung); die Sauna und ein Kneippraum sowie ein schöner Kräutergarten tun der Gesundheit wohl. ●

### Restaurant

**Gasthof Lamperstorfer**
**Marktplatz**
**Tel. 0 85 81/10 00**
Im urgemütlichen Gastraum wird bodenständige Küche serviert. ●

### Shopping

Aus dem ganzen Bayerwald und von jenseits der Donau kommen Kunden, um sich im **Kaufhaus Garhammer** am **Marktplatz** von der Unterwäsche bis zum Mantel einzukleiden. Außergewöhnlich ist das wirklich kundige Personal! Werksverkäufe zu guten Preisen bieten **Stützle & St. Peter Trachten** (**Schmidtpointstr. 6**; Mi, Do 9–17, Fr 9–12 Uhr) und **Reno Sportswear** (**Iguano, Ratzingerweg 26**; Mo–Mi 9–18, Do, Fr 9–20, Sa 9–16 Uhr).

# Freyung 2

Freyung ist dank seiner Nachbarschaft zum Nationalpark, zu Tschechien und Österreich idealer Ausgangsort für Rad-, Wander- oder Reittouren in der Region. Die ersten Siedler waren allerdings nur mithilfe von Steuerbefreiungen in diesen entlegenen Winkel zu locken, zu unwirtlich war das raue Klima. Um 1200 erbaute der Passauer Fürstbischof

### Prominente im Woid

In **Schiefweg**, unterhalb des Sicklinger Bergs wenige Kilometer nordwestlich von Waldkirchen, lebte einst die in bayerischer Mundart dichtende **Emerenz Meier**, bevor sie nach Chicago auswanderte. Das aus dem 18. Jh. stammende Dorfwirtshaus wurde renoviert und wieder in das verwandelt, was es einst war: ein ordentliches Wirtshaus, das seine Gäste satt und sehr zufrieden macht. Im oberen Stockwerk erzählt eine Ausstellung vom Leben und Werk der »Bayerwalddichterin«. (Dorfplatz 9, Mo Ruhetag, Di ab 17 Uhr, Mi–So 11.30 bis 14, 18–21.30 Uhr, Tel. 0 85 81/9 89 10, ●●–●●●)
Die Fernsehserie **Forsthaus Falkenau** mit allerlei Schauspielprominenz spielt im idyllischen Küblach – das im Original **Röhrnbach** heißt und nur wenig westlich von Waldkirchen liegt. Schon früher war der Ort weithin bekannt, als wichtiger Brückenkopf auf den Handelsrouten des Goldenen Steigs. Davon zeugt noch heute die alte Säumerbrücke.

Wolfger von Erla **Burg Wolfstein**, erst knapp 200 Jahre später erhielt Freyung die erste Kirche. Die Burg sollte die Säumer schützen, die mit ihren kostbaren Waren auf dem Goldenen Steig nach Norden zogen. Eindrucksvoll thront sie auf einem Felssporn, der vom Saußbach wie eine Art Burggraben umflossen wird. Ende des 16. Jhs. ließ Bischof Urban sie zum Schloss umbauen. Heute beherbergt es ein Jagd- und Fischereimuseum und eine Galerie, die Kunst aus der Region ausstellt (Wolfkerstr., Tel. 0 85 51/5 71 09, Di–So 10–17 Uhr).

Burg Wolfstein

Ende August/Anfang September leben auf Schloss Wolfstein für eine Woche die alten Zeiten wieder auf: Beim **Wolfsteiner Schlossfest** unterhalten Gaukler, Musikanten, Handwerker und ein historisches Schauspiel. Die ht gut ==Sonntagsmatinee mit klassischer Musik== im Fürstenzimmer des Schlosses ist ein Höhepunkt des Fests (Infos: www.freyung.de).

Das **Schramlhaus** – der älteste Bauernhof der Stadt – beherbergt ein vielseitiges **Heimatmuseum:** Das Leben, Arbeiten und Wohnen der Bauern im 18. und 19. Jh., die Anfänge der Besiedelung des Abteilandes und typisch waldlerische sakrale Volkskunst – wie z.B. die **Waffen-Christi-Kreuze** und die **Suppenbrunzer** – sowie über 100 Hinterglasmalereien stellen die verschiedensten Bereiche vor. (Abteistr. 8, Di–Fr 14–17, Sa 10–12 Uhr, im Winter nur Di und Do, 1. 11. bis 16. 12. geschl.; Eintritt frei.)

### Unterkunft

■ **Landhotel-Gasthof Brodinger**
**Zuppingerstr. 3** ][ **Tel. 0 85 51/43 42**
**www.brodinger.de**
Freundliche, helle Zimmer, Swimmingpool und eine 2007 prämierte bayerische Küche machen das Drei-Sterne-Haus zur Top-Adresse in Freyung. ●●

## Heiliger Suppenbrunzer

Katholisch ist man im Bayerischen Wald schon, sehr sogar. Aber eine derb-humorige Note im Umgang mit der Heiligkeit ist auch nicht zu übersehen. So bekamen die Schnitzfiguren des Heiligen Geists, gern in Gestalt einer ihre Flügel ausbreitenden Taube dargestellt, einen Spitznamen verpasst: An den mittig über der Tafel schwebenden Figuren kondensiert der Dampf aus der Suppenschüssel – und tropft stetig zurück in die Terrine. Der pieselnde Vogel wurde so zum heiligen Suppenbrunzer. Zu sehen z.B. im Schramlhaus in Freyung.

■ **Ferienhaus Heindl**
**Bahnhofstr. 57** ][ **Tel. 0 85 51/79 27**
**www.ferienhaus-heindl.de**
Die schönen, teilweise maisonette-
artigen Wohnungen sind ideal für
Familien. Liegewiese, beheizter Pool,
eigene Skischule und »kids on snow«
Profischule. ●

**Restaurant**

**Landgasthaus Schuster**
**Ort 19** ][ **Tel. 0 85 51/71 84**
**www.landgasthaus-schuster.de**
So abends und Mo geschl.
Die ausgezeichnete Küche und eine
erlesene Weinkarte bringen regelmäßig lobende Erwähnungen in der Gour-
metpresse. Auf Wunsch Kochkurse! ●●

## 9 **Buchberger Leite** ▣

Saußbach und Reschbach kommen aus den Bergen um Finsterau, um sich westlich von Freyung
zur Wolfsteiner Ohe zu vereinen.
Während der Zeit der Schneeschmelze rauscht das Wasser
durch die Schluchtenlandschaft
des Geotops Buchberger Leite,
das als eines der schönsten ganz
Bayerns gilt. Mehrere Wanderwege führen zu dem Wildwassertal –
in Freyung startet am Stadtplatz
der rund 8 km lange Erlebniswan-
derweg »Mensch und Natur in
der Buchberger Leite« (Weg Nr. 3
bzw. 3a). Der Pfahl, die durch den
Bayerwald verlaufende Quarzader
(❯ S. 31), kreuzt auch die Wild-
bachklamm. Unterwegs sieht man
mit etwas Glück einen schillernd
blaugrünen Eisvogel oder hört
den Ruf des Waldkäuzchens –
beide Vögel sind in dem unter
Naturschutz stehenden Gebiet zu
Hause.

Im zweiten Teil des Wegs, nach
den Abzweigungen zu Buchberg-
mühle und Karbidwerk, warten
eine Hängebrücke und die alte
Triftsperre auf den Wanderer.
Endpunkt der Wanderung ist
Ringelai, von wo Mo–Fr Busse
nach Freyung zurückfahren.

Unterwegs in der Buchberger Leite

Abstecher zur spätgotischen **Erasmuskapelle** in Buchberg und entlang dem Reschbach zum Ort **Bierhütte** machen aus der dreistündigen Wanderung einen abwechslungsreichen Tagesausflug. Informationen und eine Broschüre zum Weg gibt's in der Touristinfo in Freyung oder Ringelai.

## **Keltendorf Gabreta 4**

Nicht weit von Ringelai vermittelt das Keltendorf Gabreta (❯ S. 22) einen lebendigen Einblick in die Frühgeschichte Bayerns. Auch Reiter erreichen das »Dorf aus der Eisenzeit« von Grafenau, Freyung oder Röhrnbach aus.

## *Grafenau 5

Inmitten des denkmalgeschützten Häuserensembles am Stadtplatz mit dem Säumerbrunnen erinnert jedes Jahr am ersten Samstag im August das **Fest der Salzsäumer** an die Handelskarawanen, die einst hier Station machten: In historischen Gewändern wird der Einzug von Händlern und Reisenden nachgestellt.

Das **Stadtmuseum,** im 15. Jh. ein Armen- und Krankenhaus, zeigt u.a. einen alten Krämerladen und eine historische Apotheke. Schmai oder Schmalzler heißt der Schnupftabak in Bayern, und Schmalz gehört zur Herstellung des in liebevoll verzierten Schmuckgläsern aufbewahrten Nasenvergnügens. Im *Schnupf-

tabakmuseum** erfährt man noch so manch anderes rund um das regionale Schmankerl (beide Museen: Spitalstraße, Di–So 14–17 Uhr, März bis Gründonnerstag und Nov. bis 24. Dez., geschl.).

Am letzten Wochenende im August rockt Grafenau: Bands aller Stilrichtungen kommen zum **Rockfestival** in Lichteneck (Info unter Tel. 0 85 52/9 14 94, www.rockfestival-lichteneck.de).

### Unterkunft

■ **Beauty-Vital- und Wellness Hotel Birkenhof**
❯ S. 90.
■ **Hotel-Gasthaus zum Kellermann**
Stadtplatz 8 ][ Tel. 0 85 52/9 67 10
www.hotel-zum-kellermann.de
Mitten in der Stadt, trotzdem ruhig und familiär. Ausgezeichnete Küche, Fitness-Studio und Ermäßigungen für den Golfplatz. Vier Bärchen für Kinderfreundlichkeit. ●

### Restaurant

**Hotel-Restaurant Säumerhof**
Steinberg 32
Tel. 0 85 52/40 89 90
Di–So ab 18, So, Fei 11.30–14 Uhr
Saisonal frisch und aus der Region sind die Spezialitäten vom Hirschkalb bis zum Bayerwaldrind. ●●●

### Aktivitäten

■ Ein herrliches Panorama bietet der **Golfclub am Nationalpark**.
■ Eine 7 km lange **Loipe** verbindet Grafenau mit Sankt Oswald und Neuschönau, das **Langlaufzentrum** Rosenau bietet weitere 61 km unterschiedlicher Schwierigkeitsgrade (Schneetelefon 0 85 52/96 23 43).

# Schönberg 6

»Meran im Bayerwald« lässt sich der Luftkurort wegen seines schönen Marktplatzes gern nennen. In der Umgebung sollen Ge(h)nusswege dem Besucher sinnliche Erfahrungen ermöglichen: Romantische Abendspaziergänge an der Ohe, an Skulpturen vorbei oder zu Kapellen und Kirchen, sprechen die Empfindungen an. Abenteurer zieht es zum **Naturseilpark** in luftigen Höhen (❯ S. 18). Im ehemaligen Ritterschloss **Ramelsberg** ging einst der Geist der Maria Genoveva »Wecklin« um, heute sorgt eine Bärwurzbrauerei auf ihre Weise für Geistvolles (Schlossberg 21, Mo bis Fr 9–12, 13–17, Sa 9–12 Uhr).

## Unterkunft

■ **Romantik-Familienhotel Landhaus zur Ohe**
❯ S. 91.
■ **Bio-Bauernhof Schreinerhof**
**Schreinerhof 1**
**Tel. 0 85 54/94 29 40**
**www.schreinerhof.de**
Fünf Sterne und Bärchen zieren den Hof mit Abenteuerspielplatz, Spielscheune und Kinderbetreuung. Die Appartements sind mit Allergikerbetten und Naturholzmöbeln ausgestattet. Sauna, Massage, Schönheitspflege. ●●

## Shopping

In der **Hofkäserei Helga Ecker** gibt's nicht nur Käse, sondern auch Wurst, Nudeln und Honig (**94481 Unterhüttensölden 11, Tel. 0 85 54/5 55, www.ecker-hof.de**, Di–Do 13–17, Fr 9–18 Uhr).

# Tittling und Eging am See

Die Häuser im **\*\*Museumsdorf Bayerischer Wald 7** erzählen Geschichten aus alten Zeiten. Liebevoll restauriert haben sie in der Nähe von Tittling eine neue Heimat gefunden. Mühlen, Getreidespeicher und eine Volksschule von 1666 runden mitsamt Ententeich und Kleinviehwiese das Ensemble ab. In der Gastwirtschaft Mühlhiasl (tgl. 10–18 Uhr, Sa bis 24 Uhr, ●–●●) gibt's bayerische Schmankerl. (Herrenstr. 11, 94104 Tittling, www.museumsdorf.com, Palmsonntag bis Okt. tgl. 9–17 Uhr, sonst 10–16 Uhr.)

In **Eging 8** lockt der See (❯ S. 19), und an kalten Tagen sorgt die Sonnentherme für Badespaß (www.sonnentherme.de).

**10** Besser bekannt bei Western-Fans ist Eging allerdings aufgrund seiner Nachbarschaft zu **\*\*Pullman City:** Die Westernstadt ist das Lieblingsziel aller Cowboys und Indianer aus Leidenschaft: Stuntmen wirbeln beim Trickriding fast so flott durch die Luft wie die Röcke der Ladies beim Line- und Square Dance, es gibt einen Saloon und wilde Raufereien, Zaubershows, eine große Show mit Parade, Kuschfahrten, Ausritte, einen Marterpfahl und eine kleine Western-Dampfeisenbahn. Übernachten kann man im Tipi oder Blockhaus, aber auch im Palace Hotel (www.pullmancity.de, ❯ S. 22).

Cowboys bei der American History Show in Pullman City

# Philippsreut 9

Nur drei Kilometer sind es nach Tschechien, so ist Philippsreut der ideale Ausgangspunkt für grenzüberschreitende Erkundungen des Nationalparks. Zu Fuß, mit dem Rad, auf Skiern oder Pferderücken – die Auswahl ist riesig.

Die neue **\*Tusset-Kapelle** in Philippsreut ist mit wunderschönem Schnitzwerk verziert. Das Original mit wundertätigem Marienbild entstand im 17./18. Jh. unterhalb des Tussetbergs bei Stožec/Wallern, einer Säumerstation am Goldenen Steig. Auf Initiative heimatvertriebener Sudetendeutscher wurde sie zwischen 1981 und 1985 originalgetreu hier nachgebaut.

Das **Wintersportzentrum Mitterfirmiansreut** rund um den Almberg (1139 m) bietet Alpinski-Fans, Langläufern, Schlittenfahrern, Snowboardern und Schneeschuhwanderern ebenfalls ein reiches Angebot: fünf Doppelschlepplifte, eine Sesselbahn, zwei Skischulen, Junior-Skizirkus, Beschneiungs- und Flutlichtanlage, dazu 32 km Loipe rundherum (Schnee-Tel. 0 85 57/3 13, www.skizentrum-mitterdorf.de).

## Unterkunft

**Land-Vital Hotel Waldeck**
**Alzenbergstr. 9**
**94159 Philippsreut-**
**Mitterfirmiansreut**
**Tel. 0 85 57/7 29**
**www.haus-waldeck-koch.de,**
**www.familienurlaub-mit-hund.de**
Familien mit Hund sind besonders willkommen; großes Wellness- und Freizeitangebot für Kinder und Eltern. ●●

Das Schlittenhunderennen in Haidmühle macht Mensch und Hund Freude

# Rund um den Haidel

Der Haidel gehört mit seinen 1167 m zwar nicht zu den ganz Großen, trotzdem zieht er rund ums Jahr Wanderer, Skifahrer und andere Sport- und Naturfreunde an. Um ihn herum liegen die Orte Jandelsbrunn, **Bischofsreut** 10, **Haidmühle** 11, **Alt-** 12 und **Neureichenau** 13, **Grainet** 14 und **Hinterschmiding** 15, die im Winter mit Skiliften, Loipen, Rodelbahnen und Pferdeschlittenfahrten, im Sommer mit vielen Wander- und Radwegen Abwechslung versprechen.

So lockt der Weg zu den Quellbächen der Moldau oder zum 35 m hohen **Aussichtsturm,** der über die Baumwipfel hinweg einen tollen Rundumblick erlaubt. Fünf ehemalige Glashütten verbindet der **Waldglashüttenweg** (22 km Rundweg, Start in Grai-

net, 300 Höhenmeter, Markierung Noppenglas).

Gute Kondition brauchen **Mountainbiker** für die 13 km lange Strecke von Grainet über Hochstein und Schwendreut hinauf zum Turm.

## Info

■ www.graineturlaub.de
■ www.dreilaendereck-bayerischer-wald.de
■ Schneetelefon Skilifte und Langlaufzentrum Dreiländereck:
 Tel. 0 85 56/1 94 33

## Unterkunft

■ **Haidmühler Hof,** Haidmühle, und **Bier- und Wohlfühlhotel Gut Riedelsbach,** Neureichenau > S. 91
■ **Knaus Campingpark**
Lackenhäuser 127
94089 Neureichenau
Tel. 08583/311
www.knauscamp.de
Fünf Bärchen hat die Anlage mit Ferienhäusern, Wohnwagen und Zelten.

Zur Ausstattung gehören u.a. Hallenbad, Kneippanlage, Restaurant, Sauna, Massagepraxis, Kinderskilift, Loipe. Mitte Dez.–Anf. Nov. geöffnet ●

■ **Link'n Hof**

**Riedelsbach 101**

**94089 Neureichenau**

**Tel. 0 85 83/8 83** ][ **www.linknhof.de**

Fünf Sterne und Bärchen zeichnen den ökologisch bewirtschafteten Bergbauernhof aus. Die Wohnungen haben so schöne Namen wie »Zum Kuhstall« oder »Zum Heustadel«; viele Tiere. ●

■ **Göttlhof**

**Unterseilberg 21** ][ **94143 Grainet**

**Tel. 0 85 85/4 97**

**www.goettlhof.de**

Die Wohnungen im denkmalgeschützten Reit- und Kutscherhof sind urgemütlich. Es gibt einen Kinderspielplatz, Tipi, Grillplatz, Reitplatz und Gastpferdeboxen. Reitstunden, geführte Wanderritte, Badeweiher im Sommer und Loipen im Winter sorgen für Abwechslung. ●

### Aktivitäten

Ein 13 km langes Teilstück des **Adalbert-Stifter-Radwegs** beginnt in Neureichenau und verläuft längs eines alten Bahndamms bis nach Haidmühle. Ehrgeizigere Pedalritter lockt der anspruchsvolle, 45 km lange **Drei-Länder-Radweg,** der von Haidmühle über Tschechien längs des Schwarzenberger Schwemmkanals bis ins österreichische Mühlviertel und zurück in **Haidmühler Umland** führt und dabei wunderschöne Landschaften durchquert (www.bayernbike.de).

## 11 Rund um den **Dreisessel** 16

Wanderungen und Radtouren rund um den markanten **Dreisesselberg** (1332 m) führen durch die Nachbarländer. Südlich des Berges liegt **Lackenhäuser,** wo sich der Bayerwaldpoet Adalbert Stifter gern aufhielt. Seinem Werk und ihm wird an vielen Stellen dies- und jenseits der Grenze gedacht, Infotafeln an den Routen stellen seine Werke vor.

Zum Dreisesselgipfel durchquert man jahrhundertealten Bergfichtenwald, steigt über das Geröllfeld des **\*Steinernen Meers** auf und auf der tschechischen Seite vom Adalbert-Stifter-Denkmal wieder ab zum **\*Plöckenstein-See** (Literaturweg 3: 12 km, 5–6 Std., Start am Parkplatz Dreisessel bei Altreichenau).

### Schlittenhunde Go!

Ein Erlebnis der Extraklasse bieten jedes Jahr im Januar die Schlittenhunderennen in Haidmühle. Spaß an der Sache ist bei Schlittenhunden Voraussetzung, sonst klappt das Teamwork nicht. Deswegen knallen hier keine Peitschen – die Musher (Gespannlenker) führen ihre Tiere durch Zuruf. Infos: www.sc-haidmuehle.de oder Tourismusamt Haidmühle, Tel. 0 85 56/1 94 33. Selbst ein solches Gespann zu lenken, lernt man in Kursen z.B. bei Hundeschlitten Reisen (www.hundeschlittenreisen.de).

Berggasthof Dreisessel

Heute ist Breitenberg bekannt als Mekka der Skispringer: Das **Nordische Zentrum »Jägerbild«** in Rastbüchl bietet neben 60 km Loipen als Attraktion die Baptist-Kitzinger-Schanze mit Sommer- und Wintersprungschanze (www.rastbuechl.de, Schnee-Telefon 0 85 84/96 18 16).

## Unterkunft

■ **Bio-Landgut Tiefleiten**
Tiefleiten 16
Tel. 0 85 84/18 19
www.landgut-tiefleiten.de
Im 200 Jahre alten Landgut sind die Appartements im Landhausstil möbliert, man serviert biologische Vollwertkost und Spezialitäten der Region. Badeweiher, Tennisplatz, Wellness- und Massagestudio. ●—●●

■ **Pension Haugeneder**
Reschnweg 15
Tel. 0 85 84/3 09
www.pension-haugeneder.de
Sehr ansprechend gestaltete Zimmer und Wohnungen. Wellnessbereich für die Großen, Spielangebote für die Kleinen, dazu ausgesuchte Gerichte auf der abwechslungsreichen Speisekarte. ●

## Restaurant

**Berggasthof Dreisessel**
Tel. 0 85 56/5 30
www.dreisessel.com
Sommer 9–19, Winter 9–18 Uhr
Auf dem Gipfel werden gutbürgerliche Küche (abends nur kalte Gerichte) und am Wochenende Betten für müde Häupter geboten. ●—●●

# *Breitenberg 🔢

Erst 1719 gegründet, entwickelte sich Breitenberg schnell zum Mittelpunkt der »Neuen Welt«, wie das spät erschlossene Gebiet um den Dreisesselberg genannt wurde. Das in drei alten Bauernhäusern eingerichtete **Webereimuseum** hält die Erinnerung an Flachsanabau, Rupfen, Weben und Färben wach (Gegenbachstr. 50, Mai/Okt. Mi–So, Juni–Sept. Di–So 14 bis 16.30 Uhr).

Auch die 1768 erbaute **Hammermühle** ist bis heute funktionsfähig (Spenglerei Blössl, Dreisesselstr. 59, Mai–Okt. Fr 14–16.30).

# Wegscheid 🔢

Wegscheid liegt in der Toskana. Verwaltungstechnisch gesehen jedenfalls stimmte das von 1803 bis 1805. Wenn im Sommer die Sonne über die sanft-hügelige Landschaft strahlt, mag einem diese Vorstellung gar nicht so abwegig erscheinen. Doch sind es nicht Weinberge und Zypressen, die die Besucher hierher ziehen, sondern Skihänge und der **Rannasee** im Süden, dicht an der österreichischen Grenze – mit 20 Hektar immerhin der größte Badesee im Bayerischen Wald! Im Sommer locken im abgegrenzten Freibadbereich Wasserrutsche und Kinderplanschbecken. Auch ein Bootsverleih findet sich am Ufer des Sees, und im Winter gibt's auf der geschlossenen Eisdecke genug Platz zum Eisstockschießen.

## Shopping

Die Handweberei Moser fertigt von Tischdecken bis zu Schafwollteppichen alles aus Naturfasern (**Säumerweg 2, www.leinenweberei.de,** Mo–Fr 9–18, Sa 9–12 Uhr).

# Hauzenberg 19

Am Fuß des Staffelbergs (793 m) liegt das Granit-Zentrum des Bayerischen Waldes. Seit dem 16. Jh. wird der grau-weiß gesprenkelte Stein abgebaut. Vom frühen Wohlstand des heutigen Luftkurortes zeugen der gotische Flügelaltar aus dem 15. Jh. in der Werktagskirche und der barocke Marienbrunnen.

Das **moderne Museum \*Stein-Welten** widmet sich dem Werkstoff Granit, d.h. seiner Entstehung, Gewinnung und Verarbeitung. Faszinierend ist die Reise durch die Erdgeschichte: Ruckelnd setzt sich der Fahrstuhl in Bewegung und entlässt die Zeitreisenden in eine wunderbare Mineraliensammlung. (Passauer Str 11, Tel. 0 85 86/22 66, www.stein-welten.de, www.granit

zentrum.de, April–Okt. tgl. 10 bis 18 Uhr, Dez.–März, tgl. 10–16 Uhr; im Ort der Ausschilderung nach Passau folgen, beim Gasthaus Kinateder bergauf fahren.)

Einen noch tieferen Einblick in die Erde gibt ein Besuch im **\*Graphit-Bergwerk Kropfmühl** (Langheinrichstr. 1, Tel. 0 85 86/ 60 91 47, März/April Mi–So 13 bis 16 Uhr, Mai–Okt. Di–Sa 10 bis 16, So 12–16 Uhr). Ein 4,5 km langer Geopfad beginnt direkt neben dem Werksgelände.

## Unterkunft/Restaurant

**Naturhotel Gidibauer Hof**
**Grub 7** ][ **Tel. 0 85 86/9 64 40**
**www.gidibauer.de**
Im denkmalgeschützten Vierseithof aus Granit lebt die Tradition fort, in der neu erbauten Dependance besticht die klare und schnörkellose Inneneinrichtung mit viel Holz. Dazu verwöhnt die von Feinschmeckern empfohlene Küche! ●●

Granitzentrum Hauzenberg

# Weltkultur rund um den Bayerischen Wald

## Nicht verpassen!

- Durch die Regensburger Altstadt bummeln
- »Knäkäichl« in Regensburg probieren
- Die Veste Oberhaus über Passau besichtigen
- Eine Drei-Flüsse-Rundfahrt in Passau unternehmen
- Das Schlosstheater in Krumau besuchen
- Auf dem Moldau-Radweg fahren

Karte
Umschlag
hinten

# Zur Orientierung

Rings um den bayerischen Wald verführen Kulturstädte zu Abstechern: Regensburg und Passau liegen an der Donau, das tschechische Krumau (Česky Krumlov) an der Moldau. Deswegen zieht es auch Wasserfreunde hierher, sei es auf dem Donauschiff oder per Kanu über Ilz, Regen und Moldau. Alle drei Städte bieten im Sommer mit Festivals viel Abwechslung: Rock, Pop, Klassik oder Jazz, Kabarett und Schauspiel stehen auf dem Programm.

An einem Donauknie liegt **Regensburg,** die viertgrößte Stadt Bayerns mit gut 150 000 Einwohnern und wichtiger Wirtschaftsstandort. Das einmalige Ensemble der Altstadt steht seit 2006 auf der UNESCO-Weltkulturerbeliste.

Der große Strom prägt auch das Gesicht des südlicher gelegenen **Passau** – fast fühlt man sich an Sommertagen schon nach Italien versetzt: Den größten Kirchenbau der Stadt gestalteten italienische Künstler, das Wasser um die Altstadt ist so gegenwärtig wie in Venedig. Die Veste Oberhaus und die Wallfahrtskirche Mariahilf halten übers Wasser hinweg Blickkontakt. Drei Flüsse mischen sich an der Ostspitze der Altstadt: Schwarzes Moorwasser bringt die Ilz, grünes Nass aus den Alpen liefert der Inn, und die Donau

Im Dom St. Stephan, Passau

steuert Blau hinzu. Universität und viele Aktivitäten – vom Politischen Aschermittwoch über die Europäische Woche bis zu den Kabarett-Tagen – sind Zeichen einer jungen und lebendigen Kultur, die in der konservativkatholischen Tradition der Stadt mit ihren 51 000 Einwohnern Akzente setzt.

Ein weiterer Abstecher führt nach Tschechien zur Weltkulturerbestadt **Böhmisch Krumau/ Český Krumlov.** In einer engen Schleife der Moldau auf einer tropfenförmigen Halbinsel hat sich der Ort im 13. Jh. entwickelt. Über dem Nordufer der Flussbiegung thront die Schlossanlage mit ihrem fröhlich-bunten Turm. Beide Ensembles, das der Altstadt und das des Schlosses, ergeben zusammen ein prächtiges und beeindruckendes Gesamtkunstwerk, das zu Recht zum UNESCO-Weltkulturerbe zählt.

Dom und Steinerne Brücke, Regensburg

# 12 Unterwegs in ***Regensburg

## Altstadtbummel

> – ⑭ – **Steinerne Brücke ›
> Porta Praetoria › **Dom St.
> Peter › *Historisches Museum
> › Neupfarrplatz › **Altes Rat-
> haus › *Haidplatz › *St. Jakob
> › *St. Emmeram › *Schloss
>
> **Dauer:** 1 Tag
> **Praktische Hinweise:** Wählen
> Sie bequeme Schuhe für den
> Stadtrundgang! Und lassen
> Sie sich Zeit – Restaurants
> und Cafés verführen zu
> Genusspausen. Historisches
> Museum, Domschatzmuseum
> nur Di–So.

### Über die **Steinerne Brücke ❶

1135 bis 1146 von durch den Fernhandel reich gewordenen Kaufleuten finanziert, wird das Wahrzeichen der Stadt heute gründlich saniert. In der Mitte der mächtigen 16-bogigen Brücke steht das Brückenmännchen, das als Figur des Baumeisters gilt, der den Fortgang des Dombaus beobachtet. Tatsächlich bietet sich von hier ein schöner Blick auf die vom Dom überragte Altstadt.

Im **Brücktor** ❷ illustriert ein kleines Museum Bau und Geschichte der Brücke (April–Okt. Di–So 10–17 Uhr).

**Echt gut!** Die Historische Wurstküche direkt nebenan ist an sonnigen Tagen ein Muss (tgl. bis 19 Uhr, ●). Am Abend noch länger sitzen kann man im herrlichen Biergarten der Alten Linde auf der Jahninsel (●●). **Echt gut**

### Durch die Porta Praetoria zum Dom

In der **Goliathstraße** beeindruckt das frühgotische Haus Nr. 4 mit seiner Malerei vom Kampf zwischen David und Goliath.

Vom einst als Doppeltor angelegten Zugang zum Römerlager hat sich nur ein Bogen vollständig erhalten. Massige Quadersteine kennzeichnen die **Porta Praetoria** ❸ und den angrenzenden Festungsturm. Jenseits der Pforte betritt man den Bischofshof mit dem Biergarten des gleichnamigen Hotels und dem **Domschatzmuseum** (Sommer Di–Sa 10–17, So ab 12 Uhr, sonst Fr, Sa 10–16, So ab 12 Uhr).

### **Dom St. Peter ❹

Seit 750 Jahren ist der Dom »ewige Baustelle«. Um 1250 anstelle der romanischen Kirche begonnen und innerhalb von 50 Jahren zur Hälfte errichtet, wurde der Bau wegen leerer Kassen eingestellt. Im 15. Jh. entstand die prachtvolle **Westfassade,** aber 1525 musste die Dombauhütte wieder schließen. Ludwig I. finanzierte die 105 m hohen **Türme** im neugotischen Stil. Im Kirchenschiff haben sich **Glasfenster** des

14. Jhs. mit ihren intensiven Farben erhalten, von einem der Vierungspfeiler lächelt **Gabriel bei der Verkündigung** an Maria. Im Schatten der Westpforte verstecken sich zwei kleine Figuren – sind es tatsächlich der **Teufel und die Großmutter?** (Führungen tgl. 14 Uhr, Mai–Okt. Mo–Sa auch 10.30 Uhr.) Ein besonderes Erlebnis ist die Messe am Sonntag, wenn die 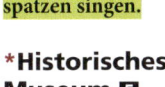Regensburger Domspatzen singen.

Die historische Wurstkuchl

## *Historisches Museum **5**

Im ehemaligen Minoritenkloster ist das Stadtmuseum zuhause. Die meisten Besucher zieht es in die römische Abteilung, die das Werden von Castra Regina veranschaulicht. Politik und Wirtschaft sind Hauptthemen im Mittelalter. (Dachauplatz 2–4, Di–So 10–16, Do bis 20 Uhr, Führungen So 11 Uhr.)

Im ehemaligen Klosterhof ist heute ein Café untergebracht, das vom Frühstück bis zu abendlichen Cocktails für Stärkung vor oder nach dem Museumsbesuch sorgt. (10 Uhr bis Mitternacht, ●●)

## *Document Neupfarrplatz **6**

Sechs Meter unter dem Neupfarrplatz finden sich Reste der römischen Offiziersunterkünfte, darüber wuchs zwischen 1000 und 1500 das jüdische Viertel, das 1519 zerstört wurde. Ein Luftschutzbunker aus dem 2. Weltkrieg bringt die Besucher des **document Neupfarrplatz** in die Moderne. Das von 1995–1998 ausgegrabene Gebiet ist nur mit

---

### Kelten – Römer – deutsche Kaiser

Am nördlichsten Punkt der Donau gründeten die Kelten das Oppidum Radasbona. Es folgte im 2. Jh. das römische Militärlager Castra Regina. Schon 739 wurde die Stadt Bistum, 1245 verlieh ihr Kaiser Friedrich II. die Reichsfreiheit. 200 Jahre später entledigte man sich auch der Vormundschaft der Bischöfe. 1471 tagte erstmals der Reichstag in Regensburg, ab 1663 brachte der Immerwährende Reichstags regelmäßig Prominenz hierher. 1541 trafen Philipp Melanchthon und Johannes Eck aufeinander, etwa gleichzeitig kam Kaiser Karl V. (1550–1556). Mit Folgen: Die Gürtlerstochter Barbara Blomberg gebar ihm einen Knaben, der 1571 als Don Juan d'Austria bei Lepanto im Golf von Korinth die Osmanen besiegte.

Führung zu besichtigen (Do–Sa 14.30 Uhr, Juli–Aug. auch So, Mo 14.30 Uhr; Tickets bei Tabak Götz, Neupfarrplatz 3). Über diesem spannenden »Geschichtskeller« findet rings um den Reichsstadtbrunnen der städtische Wochenmarkt statt.

## **Altes Rathaus 7 und *Haidplatz 8

Im 13. Jh. entstand die eindrucksvolle Patrizierburg mit dem hohen Turm, vor der am Zieroldsplatz die Statue des Don Juan steht. Im 14. Jh. wurde ein Tanzsaal angebaut, in den nach 1663 der Immerwährende Reichstag einzog – die Ratsleute bekamen einen barocken Neubau. Nur mit Führung zugänglich sind der *Reichstagssaal, die ehemalige Fragstatt (Folterkammer) und das Gefängnis. (Mo–Sa 9.30–16, So ab 10 Uhr, im Winter bis 15, So bis 11 Uhr, Tel. 09 41/5 07 44 10.)

Am für seinen Obst- und Gemüsemarkt bekannten *Haidplatz empfing man im Gasthof »Zum Goldenen Kreuz« schon

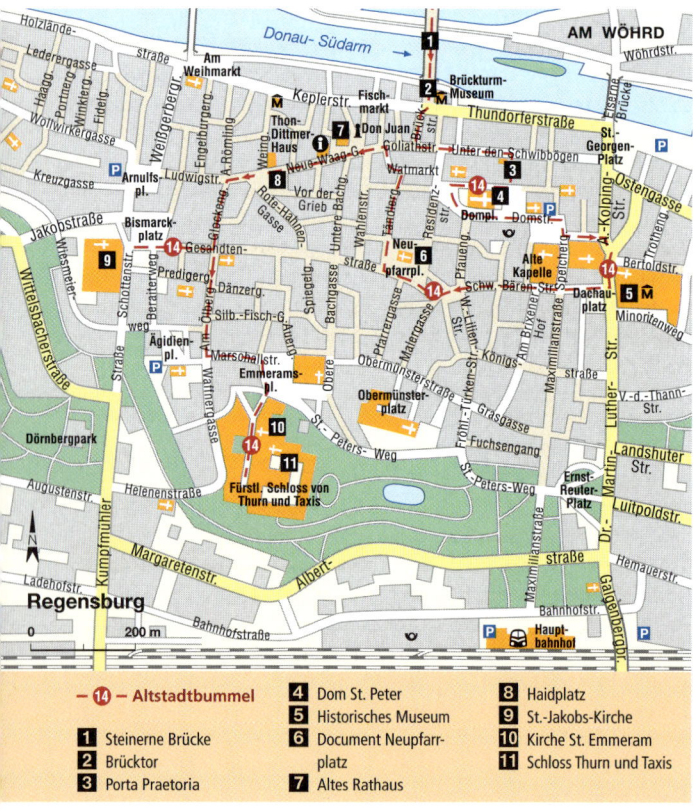

– 14 – Altstadtbummel

1 Steinerne Brücke
2 Brücktor
3 Porta Praetoria
4 Dom St. Peter
5 Historisches Museum
6 Document Neupfarrplatz
7 Altes Rathaus
8 Haidplatz
9 St.-Jakobs-Kirche
10 Kirche St. Emmeram
11 Schloss Thurn und Taxis

Kaiser Karl V., König Ludwig I. und Kaiser Wilhelm I. Im Osten des Platzes steht die Neue Waag, seit dem Mittelalter Aufstellungsort der Stadtwaage und »Herrentrinkstube« der Ratsherren.

## *St.-Jakobs-Kirche

Der Beiname Schottenkirche könnte in die Irre führen – keineswegs die für ihre Sparsamkeit berüchtigten Schotten, sondern die für ihre intensive Missionierungstätigkeit bekannten Iren waren im 12. Jh. Bauherren des Gotteshauses. Damals nannte man sie Skoten und kümmerte sich nicht um mögliche Verwirrungen. Besonders eindrucksvoll ist das mächtige **Eingangsportal**, dessen romanische Verzierungen Himmel und Hölle sowie das Weltgericht darstellen.

## *St. Emmeram und *Schloss Thurn und Taxis

Im Süden der Altstadt steht die **Kirche St. Emmeram 10** mit der Grablege des Wanderbischofs und »bayerischen Apostels« aus dem 7. Jh. Erst 1731–1733 erhielt die Kirche ihr heutiges Aussehen – die berühmten Brüder Asam waren eigens engagiert worden.

In direkter Nachbarschaft liegt das **Schloss 11**, das seit 1812 die Reichsstiftsgebäude nutzt. Starke Kontraste bietet die Führung durch die prächtigen Räume des **Schlossmuseums** und den kargen klösterlichen Kreuzgang (Emmeramsplatz 5, April–Nov. tgl., Dez. bis März nur Sa, So).

Ende Juni/Anfang Juli veranstaltet Fürstin Gloria die **Thurn und Taxis Schlossfestspiele** (www.thurnundtaxis.de; www.odeon-concerte.de).

### Info

**Stadtmaus GmbH**
**Thurndorferstr. 1**
**Tel. 09 41/2 30 36 00**
**www.stadtmaus.de**
Stadtverführungen von der Mondscheinführung bis zum kulinarischen Streifzug.

### Hotels

■ **Orphée Kleines Haus und Großes Haus, Andreasstadel**
**Wahlenstr. 1/Untere Bachgasse 8/ Andreasstr. 26**
**Tel. 09 41/59 60 20**
**www.hotel-orphee.de**
Die liebevoll renovierten Stadthäuser mit individuell eingerichteten Zimmern bieten ein ganz besonderes Flair.
●●–●●●

■ **Castle Hotel**
**St.-Petersweg 3**
**Tel. 09 41/58 61 27 07**
**www.castlehotel-regensburg.com**
Die freundlich eingerichteten Zimmer heißen Ireland, India oder Asia. Wer mag, darf in der hauseigenen Küche selbst kochen. ●●

### Restaurants/Cafés

■ **David**
**Watmarkt 5**
**Tel. 09 41/56 18 58**
**Di–Sa 18–24 Uhr**
**Über den Dächern der Stadt** speist es sich vorzüglich in dem namhaften Restaurant in einem schönen Geschlechterturm. Die Küche ist

bayerisch-italienisch orientiert.
Reservierung empfohlen. ●●●

■ **Brauereigaststätte Kneitinger**
**Arnulfsplatz 3 ][ Tel. 09 41/5 24 55**
Urig-bayerische Traditionsgaststätte
mit Bier aus eigener Brauerei. Aber
Vorsicht: Der süffige Kneitinger
Doppelbock fördert umgehend die
Sangesfreude! ●●

**Echt
gut!**

■ Die weltbesten Nussbeugerl und
köstliche Knäikäichel (= Schmalz-
gebackenes) gibt's beim **Bäckermeis-**
**ter Ebner** (Maximilianstr. 25).

### Nightlife

■ **Kulturzentrum Alte Mälzerei**
**Galgenbergstraße 20**
**Tel. 09 41/78 88 10**
**www.alte-maelzerei.de**

Tanz, Kabarett, Theater – im Süden der
Stadt ist eine Menge geboten. Rechtzeitig reservieren!

■ **Regensburger Jazzclub im**
**Leeren Beutel**
**Bertoldstr. 9 ][ Tel. 09 41/56 33 75**
**www.jazzclub-regensburg.de**
Das ganze Jahr über kann man hier
den schrägen Tönen lauschen.

■ Für die Tage Alter Musik kommen
Ende Mai Ensembles aus der ganzen
Welt, um an historischen Stätten zu
spielen (**Tel. 09 41/8 97 97 86**,
während des Festivals **Tel. 5 07 10 38**;
**www.tagealtermusik-regensburg.**
**de**).

■ Seit 1982 findet jährlich im Juli
das Bayerische Jazz-Weekend statt
(**www.bayernjazz.de**).

Kirchtürme und Geschlechtertürme ragen stolz in den Himmel

# Unterwegs in **Passau

## Rundgang in der Drei-Flüsse-Stadt

— ⑮ — *Veste Oberhaus ›
Museum Moderne Kunst ›
Dreiflüsseeck › *Rathaus ›
**Dom St. Stephan › Kastell
Boiotro › **Wallfahrtskirche
Mariahilf

**Dauer:** 1 Tag inkl. Dreiflüsse-
fahrt
**Praktische Hinweise:** Die Pas-
sau-Card (24-h-Karte 14,50 €)
sorgt für freie Fahrt mit dem
ÖNV und Nachlass bei Muse-
en, Schifffahrt und Stadtfüh-
rung. Ein Shuttlebus fährt vom
Rathaus zur Veste Oberhaus.
Schifffahrten starten an der
Fritz-Schäffer-Promenade, Do-
nauschiffahrt Wurm & Köck,
www.donauschiffahrt.de.

## *Veste Oberhaus ⑫

Das Wahrzeichen kirchlicher
Macht thront 105 m über der
Stadt. Fürstbischof Ulrich II. gab
die Arbeiten 1219 in Auftrag. Die
Macht der Kirchenherren wurde
mehrfach herausgefordert, u.a. als
die Passauer Bürger 1298 und
1367 den Aufstand probten. Heute nutzen mehrere Museen die
Veste: Das *Stadtmuseum informiert über die Geschichte Passaus, Schifffahrt, Handel und
Zunftwesen sowie das weltliche
und geistliche Leben in der Stadt.

Im **Böhmerwaldmuseum** werden
v.a. die Beziehungen zu Tschechi-
en thematisiert. Vom Vorplatz
**Batterie Linde** bietet sich ein
herrlicher Blick über die Stadt.
(Tel. 08 51/4 93 35 12, www.ober
hausmuseum.de; 15. März bis 15.
Nov. Mo–Fr 9–17, Sa, So 10–18
1. Dez. bis 6. Jan. tgl. 10–16 Uhr.)

## Museum Moderne Kunst ⑬

In einem der besterhaltenen Häuser der Altstadt, einem Priester-
haus aus dem 16. Jh., zeigt die
Stiftung Wörlen hochkarätige
Ausstellungen. (Bräugasse 17, Tel.
08 51/3 83 87 90, www.mmk-
passau.de, Di–So 10–18 Uhr.)

## Dreiflüsseeck und Innkai

Am **Dreiflüsseeck** ⑭ sieht es fast
so aus, als sei der Inn mächtiger
als die Donau. Nach der Schnee-

Am Dreiflüsseeck treffen Inn,
Donau und Ilz zusammen

Die Veste Oberhaus und die bunte Altstadt an der Donau

schmelze bringt er tatsächlich mehr Wasser mit, auch ist sein Flussbett hier breiter. Dafür liefert die Donau im Jahresmittel wesentlich mehr Nass, und mit über 6 Metern ist sie deutlich tiefer als der kleinere Bruder.

Am Innkai erhebt sich der **Schaiblingsturm** ⓯**,** der im 14. Jh. den Salzhafen bewachte. Auf gleicher Höhe liegt das im 8. Jh. gegründete **Benediktinerinnenkloster Niedernburg,** dessen frühromanische Kirche ein schönes Gnadenbild Mariä Schutz von 1567 besitzt. Nur wenig weiter Richtung Westen wartet schon die nächste Kirche: Die prächtige Westfassade von **St. Michael** ⓰ beeindruckt ebenso wie das hochbarocke Innere.

## *Rathaus und *Glasmuseum

Weithin sichtbar erhebt sich der reich verzierte, 38 m hohe Turm des **Rathauses** ⓱**,** der von 1888–1893 den älteren Bauteilen aufgesetzt wurde. Die gotische Nordfassade stammt von 1393, den barocken Rathaussaal gestaltete der Maler Ferdinand Wagner. Da huldigen die Götter des Olymp der Stadt Passau, und das Nibelungenlied wird bebildert. Wolfger von Erla, 1191–1204 Bischof von Passau, hatte den berühmten Minnesänger Walther von der Vogelweide mit der Niederschrift des Epos beauftragt (Besichtigung April–6. Jan. tgl. 10–16 Uhr).

Aus dem 14. Jh. stammt das Stadtrichterhaus **Wilder Mann,** ein heute aus mehreren Häusern bestehender Komplex, der nach schweren Stadtbränden im barocken Stil neu aufgebaut wurde. Das Ensemble beherbergt neben dem Hotel ein sehr beeindruckendes *Glasmuseum ⓲ mit über 30 000 Gläsern österreichisch-böhmisch-bayerischer Herkunft (Am Rathausplatz, Tel. 08 51/ 3 50 71, tgl. 13–17 Uhr).

Bummeln Sie durch **die engen, mittelalterlich wirkenden Gassen** wie die **Höllgasse** mit ihren Galerien oder die steil ansteigende **Pfaffengasse,** bevor Sie sich dem geistlichen Herz der Stadt widmen.

## **\*\*Dom St. Stephan** 🄩

Als **größter Barockbau diesseits der Alpen** hält St. Stephan Rekorde: 69 m hoch sind die Kuppeltürme, 101 m Länge erreicht das Kirchenschiff, im Inneren steht die weltgrößte Domorgel mit 17 974 Pfeifen! Hier war schon im 5. Jh. eine Kirche erbaut worden, die seit 739 als Bischofskirche diente. Dem Neubau von 1668 waren dramatische Ereignisse vorausgegangen: Zwei schwere Brände beschädigten den gotischen Dom, der dann 1662 beim Aufstand der Passauer Bürger einstürzte. Nur der spätgotische Chorbau trotzte den Ereignissen. Den italienischen Baumeistern Carlo Lurago, Carpoforo Tencalla und Giovanni Battista Carlone verdankt der Dom sein prächtiges Äußeres, die herrlichen Stuckarbeiten und Deckenmalereien (Führungen Mo–Sa 12.30 Uhr).

Beim **Mittags-** oder **Abendkonzert** erklingt die imposante Orgel mit fünf getrennten Werken; selbst auf dem Dachboden sind Orgelpfeifen versteckt, sie tönen durch das »Heiliggeistloch« ins Kirchenschiff (Mai–Okt., 27. bis 31. Dez. Mo–Fr 12–12.30, Do 19.30–21 Uhr).

**– 15 – Rundgang in der Drei-Flüsse-Stadt**

🄬 Veste Oberhaus
🄭 Museum Moderne Kunst
🄮 Dreiflüsseeck
🄯 Schaiblingsturm
🄰 St. Michael
🄱 Rathaus
🄲 Glasmuseum
🄳 Dom St. Stephan
🄴 Römermuseum Kastell Boiotro
🄵 Wallfahrtskirche Mariahilf

Hoch über dem Inn thront die Wallfahrtskirche Mariahilf

## Römermuseum Kastell Boiotro 20

Über den Innsteg kommt man zur Innstadt mit dem Römermuseum Kastell Boiotro. Der Name geht zurück auf den keltischen Ortsnamen Boiodurum. Wachtürme und Kastellmauern des um 280 n. Chr. erbauten Militärlagers wurden erst 1974 entdeckt (Lederergasse 43, Tel. 08 51/3 47 69, März bis 15. Nov. Di–So 10–16 Uhr). Nach rund 100 Jahren gaben die Römer den Standort auf; Ende des 5. Jhs. erbaute der hl. Severin an gleicher Stelle ein Kloster. An ihn erinnert die nahegelegene **Kirche St. Severin,** deren romanisches Langhaus mit gotischem Chor einen Abstecher lohnt.

## **Wallfahrtskirche Mariahilf 21

321 Stufen zählt die gedeckte **Mariahilfstiege,** die vom Kapuzinerplatz hinaufführt. Den Weg begleiten zahllose Votivtafeln und Kreuzwegstationen. Oben belohnt der großartige Panoramablick auf Passau. Auslöser für den Kirchenbau war ein Bildnis der Maria mit dem Jesuskind von Lukas Cranach d. Ä., das als Kopie am Fuß des Berges aufgestellt worden war und prompt für mehrere Marienerscheinungen sorgte. Domdekan Freiherr von Schwendi gab 1624 den Bau der Wallfahrtskirche in Auftrag, der drei Jahre später vollendet war.

### Hotels

■ **Hotel Wilder Mann**
**Am Rathausplatz**
**Tel. 08 51/35071**
**www.wilder-mann.com**
Wie Kaiserin Elisabeth II. fühlen kann man sich in der Sissi-Suite des Hotels. Oder lockt Sie das Hochzeitsbett des Märchenkönigs Ludwig II.? ●●–●●●

■ **Hotel Schloss Ort**
Im Ort 11 ][ 94032 Passau
08 51/3 40 72-73
www.schlosshotel-passau.de
**Auf dem schmalen Zipfel der Ort-
spitze zwischen Donau und Inn** liegt
das stilvoll eingerichtete Hotel im Haus
von 1250. ●●

■ **Pension Vicus**
Johann-Bergler-Str. 2
94032 Passau
Tel. 08 51/93 10 50
www.pension-vicus.de
Familien- und radlerfreundliches Haus
am Donauradweg in der Innstadt. Alle
Appartements mit Kochnische. ●

**Restaurants**

■ **Heilig-Geist-Stiftschenke**
Heilig-Geist-Gasse 4
Gehobene bayerisch-österreichische
Karte, große Fischauswahl, leckere
Süßspeisen, Weine vom eigenen
Stiftsgut. ●●

■ **Bayerischer Löwe**
Dr.-Hans-Kapfinger-Str. 3

Hier kann man den Köchen beim Zu-
bereiten der bayerischen Schmankerl
vom Tisch aus zuschauen. ●

**Nightlife**

■ **Scharfrichterhaus**
Milchgasse 2
Tel. 08 51/3 59 00
www.scharfrichter-haus.de
Abwechslungsreiches Programm. Weit
über Bayern hinaus sind die **Kabarett-
Tage im Scharfrichterhaus** berühmt.
Dazu leckere Küche und Weine aus der
Wachau!

■ **TheaterCafe Aquarium**
Unterer Sand 2 ][ Tel. 08 51/25 90
www.cafe-aquarium.eu
Traditionskneipe mit täglich wechseln-
dem Programm: Musikquiz, Karaoke,
Livekonzerte, dazu Speisen und
Getränke zu maßvollen Preisen.

■ Ausgesprochen vielfältig ist das Angebot in einer ganzen Reihe von Ver-
anstaltungsorten im Juni und Juli während der **Europäischen Wochen** (Tel.
08 51/5 60 96, www.ew-passau.de).

Passaus bekanntester Kabarettist Sigi Zimmerschied stammt aus dem
Umfeld des Scharfrichterhauses

# Unterwegs in ***Krumau

## Von der Altstadt zum Schloss

– ⑯ – *Regionalmuseum ›
Náměstí Svornosti › *Museum
Egon Schiele › Široká › Pup-
penmuseum-Märchenhaus ›
***Schloss Krumau

**Dauer:** 1 Tag

**Praktische Hinweise:** Ab Haidmühle gibt es eine direkte
Bahnverbindung nach Kru-
mau, die Strecke ist (noch)
nicht im Bayern-Böhmen-
Ticketangebot enthalten. Mit
dem Pkw von der B 12 auf
deutscher Seite geht es auf die
tschechische Straße Nr. 4, ab
Řasnice weiter auf der Straße
Nr. 39. Direkt hinter der Grenze gibt es Wechselstuben und
Tankstellen. Bessere Wechsel-
kurse bieten die Banken in der
Stadt. Billigmärkte in Grenz-
nähe verkaufen Gartendeko,
Billigkleidung, Alkoholika und
Zigaretten. (Kostenpflichtige)
Parkplätze finden sich rings
um die Altstadt – danach geht
es zu Fuß auf Entdeckungstour.
Im Schloss lohnen sich die
teuren, aber sehr informativen
Führungen (1: Schlosskapelle,
Eggenberger Saal, Maskensaal;
2: Von der Schwarzenberger
Porträtgalerie bis zur Mantelbrücke; 3: Barocktheater – letz-
te Tour 15 Uhr).

Von Südwesten kommen, passiert
man bei der Einfahrt in die Stadt
den unterhalb des Schlosses gelegenen Großparkplatz P1, der sich
ebenfalls gut als Ausgangspunkt
für einen Stadtrundgang eignet.
Für diese Tour fahren Sie aber
weiter zu dem am Eingang zur
Altstadt gelegenen Parkplatz P3.
Von dort führt ein kurzer Fußweg
über die Brücke zum **\*Regionalmuseum** ㉒, das neben dem
Keramikmodell der Stadt eine
barocke Apotheke und eine reiche
kunsthandwerkliche und archäo-
logische Sammlung zeigt (Regi-
onální Muzeum, Horní 152,
Tel. 380 711 674, Mo geschl.). Der
Vorplatz des Museums öffnet sich
zum Fluss und gibt den Blick frei
auf das Schloss am gegenüberlie-
genden Ufer.

Leicht bergab geht es nun vorbei an der mächtigen **St. Veits-
kirche**, dem zweiten Wahrzeichen
der Stadt neben dem Bugturm.
Nach wenigen Metern öffnet sich
der **Hauptplatz Náměstí Svornosti** ㉓ mit der Pestsäule von
1716 und dem Rathaus. Ein
Durchgang am Westende des
Platzes führt durch hübsche mit-
telalterliche Gässchen zum **\*Egon
Schiele Art Centrum** ㉔ (Široká
70–72, tgl. 10–18 Uhr), das hochkarätige Ausstellungen moderner
Kunst bietet. Achten Sie unterwegs auf die teils mit Renaissance-
malereien verzierten Fassaden der
liebevoll restaurierten Häuser.

## Kunst und Handwerk

Durch die Široká geht es nordwärts, vorbei an kleinen Galerien und den zu Pensionen und Restaurants umgebauten historischen Häusern, hinab zur Moldau. Von hier fällt der Blick auf die **Mantelbrücke**, die mit ihren zahlreichen Bögen die Verbindung zwischen Schloss und Parkanlage bildet.

Ein Bummel durch die Dlouhá-Gasse gibt Gelegenheit, sich im kleinen **Museum für Baugeschichte und Handwerk** 25 mit den verschiedensten Deko-Elementen an Türen, Fenstern, Fassaden und Decken zu beschäftigen (Juni–Sept. tgl. 10–13, 14–18, Okt.–Dez./April–Mai Mi bis Mo 11–16 Uhr).

Kurz bevor die Dlouhá-Gasse endet, wartet das **Puppenmuseum-Märchenhaus** 26 auf Besu-

Egon-Schiele Art Centrum

cher (tgl. 10–16, im Sommer abends länger geöffnet). Nicht umsonst sind tschechische Schnitzer berühmt für ihre Puppen und Marionetten. Hier im alten Bürgerhaus sind Figuren aus den Beständen des Prager Nationalmuseums sowie zeitgenössische Arbeiten zu bestaunen.

### Die Moldau entlang

Die Fahrt zur tschechischen Weltkulturerbestadt Krumau (Český Krumlov) führt durch eine wunderschöne Landschaft am Rande des tschechischen Nationalparks **Šumava** mit vielen Ausblicken auf das Tal der **Moldau** (Vltava) und das beliebte Ferienziel am **Stausee bei Lipno**. Die Straßenverhältnisse sind überwiegend gut, nur kleine Teilstücke warten noch auf Renovierung.

Unterwegs lohnen sich kurze Abstecher Richtung Moldau, die in vielen Windungen als noch schmales Flüsschen durch eine liebliche Tallandschaft fließt. In **Horní Planá** bietet sich ein Besuch im Adalbert-Stifter-Museum an (Palackého 21, Di–So 10–18 Uhr) – die Geburtsstadt des Böhmerwalddichters liegt schön am Moldaustausee, einem beliebten Sommerurlaubsgebiet. Anschließend führt eine Brücke über eine Ausbuchtung des Stausees, bevor die Straße Nr. 39 Richtung Krumau nach Osten führt.

Noch schöner zeigt sich die Strecke für **Radfahrer**, die im bayerischen Haidmühle starten und längs des **Schwarzenburger Schwemmkanals** fahren, weiter am Ufer des Moldaustausess bzw. dem Flussverlauf folgend bis Horni Plana (38 km) und dann nach Osten bis Krumau (ca. 28 km; www.bayernbike. de, Dreiländer-Radweg). Für die Rückfahrt empfiehlt sich die Bahn.

## Aufstieg zum Schloss

Eine der drei Altstadtbrücken führt über die Moldau zum unterhalb des Schlosses gelegenen **Latran-Viertel**, das noch vor der Halbinsel von Handwerkern und Dienstboten der Burgherren besiedelt wurde. Auch hier verführen kleine Geschäfte wie die auf die **Nachbildung alter böhmischer Gläser spezialisierte Galerie Repliky** (Zámecké schody 11, tgl. 10–18 Uhr) zum Schauen und Kaufen. Oder werden Sie eher bei den Düften aus der Knödelbude am Fuß der Schlosstreppe weich? Der Aufstieg führt direkt zum Vorplatz vor dem Schlossgraben, in dem seit den Zeiten der Schwarzenberger Fürsten ab 1719 Braunbären gehalten werden.

**Echt gut!**

## \*\*\*Schloss Krumau 27

Im 13. Jh. entstand bereits der imposante Turm, der trotz seines von 1590 stammenden fröhlichbunten Äußeren als **Hungerturm** und Verlies eher unerfreuliche Bedeutung besaß. Die Geschlechter der Rosenberger, Eggenberger und Schwarzenberger folgten einander als Herren des Schlosses – und natürlich sorgte jedes von ihnen für Um- und Ausbauten. Von Barock bis Rokoko und Renaissance reichen die Stile, die heute in den einzelnen Bauteilen zu erkennen sind.

Drei verschiedene Führungen erschließen die Geheimnisse und Schönheiten der Anlage – auch wenn die Preise relativ hoch sind, lohnt es sich doch, an den ca. ein-

Český Krumlov (Krumau)

0    200 m

— **16** — Von der Altstadt zum Schloss

**22** Regionalmuseum
**23** Hauptplatz Náměstí Svornosti
**24** Museum Egon Schiele
**25** Museum für Baugeschichte und Handwerk
**26** Puppenmuseum-Märchenhaus
**27** Schloss Krumau
**28** Theater
**29** Schlosspark

Blick auf die Innenstadt von Krumau

stündigen sehr informativen Rundgängen teilzunehmen (auch in Deutsch).

Wirkliche Hingucker sind der **\*\*Rokoko-Maskensaal** im Obergeschoss des Hauptschlosses, die **\*Gemäldegalerie** von Adam Franz von Schwarzenberg und das über die Mantelbrücke zu erreichende **\*\*\*Theater** 28. Hier haben sich die vom Salzburger Maler Schaumberger geschaffenen **Kulissen aus dem 17. Jh.** erhalten, die über ausgetüftelte Schiebekonstruktionen auf die Bühne gezogen wurden. Werfen Sie von der Mantelbrücke einen Blick hinunter auf die Stadt, bevor Sie zum langgestreckten **Schlosspark** 29 weitergehen, in dem Eichhörnchen heute die wahren Herren sind.

Besichtigung mit Führungen Mai/Sept./Okt. Di–So 10–17, Juni-Aug. 10–18 Uhr, Theater: letzte Tour 15 Uhr.

**Info**

**Infocentrum**
Náměstí Svornosti (= Hauptplatz) 2
38101 Český Krumlov
Tel. (00 420) 380 704 622
www.ckrumlov.cz/info

**Hotels**

■ **Castle Apartments**
**Zámek 57**
**Tel. (00 420) 380 725 110**
Buchung über: www.hotelsprague.cz
In nächster Nachbarschaft zum Schloss liegen die hell und freundlich eingerichteten Appartements (35–106 m²), bewachter Parkplatz, sehr freundlicher Service, Haustiere gegen Aufpreis.
●–●●

■ **Hotel Leonardo**
**Soukenická 33**
**Tel. (00 420) 380 725 911**
**www.hotel-leonardo.cz**
Individuell und geschmackvoll eingerichtet sind die Zimmer im Haus aus dem 17. Jh. im Herzen der Altstadt.
●–●●

Kanuten an der Moldauschleife in Krumau, oberhalb die Mantelbrücke

## Restaurant

### Krumlovský Mlýn
**Široká 80**
Im großen Renaissancegebäude mit
Terrasse über der Moldau ist ein uriges
Restaurant eingerichtet, das neben
typisch böhmischen Spezialitäten auch
Holzofenpizza anbietet. ●—●●

## Veranstaltungen

**Echt gut!** **Den ganzen Sommer über klingt es
in Krumau:** Das **Renaissance-Fest
der fünfblättrigen Rose** im Juni
macht den Auftakt, bis in den Juli er-
tönen **Kammermusik** und **Alte Musik**,
im August bringt das **Internationale
Musikfestival** Klassik (verschiedene
Aufführungsorte), im September
erklingen dann an der Moldau jazzige
Töne.

## Shopping

Zum alten Stadtbild passt alte Musik –
**Kvinterna** heißt die Gruppe, die auf
ihrem Album »Flos Florum« böhmische
Melodien aus der Zeit der Gotik zum
Klingen bringt. Erhältlich im Museum
für Baugeschichte oder in den CD-
Geschäften der Stadt.

## Aktivitäten

■ **Boot- und Kanufahrer** finden auf
der Moldau ideale Bedingungen: Nach
Süden bis zum grenznahen Vyšší Brod
sind es gut 35 km (7–9 Std.), aber
auch kurze Stadtrundfahrten sind
lohnend.

■ **Bootsverleih Maleček**
Rooseveltova 28
Tel. 380 712 508
www.malecek.cz

# Infos von A–Z

## Behinderte

Moderne Museen, Galerien und Informationszentren sind wie auch viele Hotels mit Rampen ausgestattet. Zahlreiche Wander- und Spazierwege sind für Rollstuhlfahrer geeignet, passende Unterkünfte finden Sie in der Broschüre »Barrierefreies Reisen in Ostbayern« vom Tourismusverband Ostbayern. Skikurse für Behinderte gibt es z.B. in Bischofsreut (www.monoskikurs.de).

## Feiertage

Zu den allgemein in der BRD geltenden Feiertagen wie Neujahr, Karfreitag, Ostern, 1. Mai, Pfingsten, 3. Oktober, Allerheiligen und Weihnachten kommen die katholischen Feiertage Heilige Drei Könige (6. Jan.), Christi Himmelfahrt, Fronleichnam und Maria Himmelfahrt (15. August).

## Informationen

■ Tourismusverband Ostbayern e.V., Luitpoldstr. 20, 93047 Regensburg, Tel. 09 41/58 53 90, kostenfreie Infonummer: 08 00/1 21 21 11, www.ostbayern-tourismus.de, www.bayerischer-wald.info.
■ Nahzu jeder Ort im Wald hat seine eigene Toursiteninfo und website (www.ortsname.de), wo sich weitere Infos finden. Die regionalen Informationsblätter liefern viele Hinweise zu Märkten, Theateraufführungen, Wanderungen oder Ausflügen.

## Kleidung

Für alle naturnahen Ausflüge empfiehlt sich geländetaugliches Schuhwerk. Ein Pullover, Regen- und Windjacken sind ganzjährig sinnvoll, im Winter sollte man dicke Socken, Handschuhe, Schal und Mütze dabei haben.

## Nachbarländer

Halten Sie im grenznahen Bereich Personalausweis und ggf. Autopapiere bzw. (Impf-)Papiere für Ihre Haustiere bereit. Selbst bei Wander-, Radel- oder Reit-Ausflügen in den Šumava-Nationalpark kann man kontrolliert werden.

Autofahrer sollten die abweichenden Verkehrsbestimmungen (z.B. Vignettenpflicht, Abblendlicht am Tage) kennen. Beachten Sie die geltenden Zollbestimmungen für Tabak und Alkohol (www.zollinfocenter.de).

:!: In grenznahen Regionen wählen sich Handys oft automatisch ins Nachbarnetz ein, was Gespräche verteuert.

## Notruf

■ Polizei 110; CZ: 158; AU: 133
■ Feuerwehr 112; CZ: 150; AU: 122
■ Rettungsdienst/Notarzt 19222; CZ: 155/112; A: 144

## Öffnungszeiten

Geschäfte Mo–Fr 9–18, Sa bis mittags, nur in den Großstädten bis 20 Uhr. In den Hauptreisezeiten öffnen spezielle Verkaufsstellen (Fabrikverkäufe) auch sonntags. Kleinere Geschäfte schließen oft zwischen 12.30 und 14 Uhr.

| Urlaubskasse | |
|---|---:|
| Tasse Kaffee | 2 € |
| Softdrink (Cola, Mineralwasser) | 1,80 € |
| Halbe Bier | 2,40 € |
| Bratwurst mit Semmel | 2,50 € |
| Kugel Eis | 0,70 € |
| Taxifahrt (bis 10 Km) | 10,70 € |
| Mietwagen/Tag ab | 35 € |

# Register

Aiderbichl, Gut 84
Altreichenau 120
Arber, Großer 21, **77**
Arbersee, Kleiner **60**, 78
Arnbruck 76
Arrach 57
Asam, Cosmas
    Damian 37, 69, 87
Asül, Django 38

Bad Kötzting 35, 41,
    **55**, 91
Bayerisch Eisenstein 101
Bayerwald-Tierpark
    Lohberg 23, **58**
Bernauer, Agnes 89
Bierhütte 117
Bischofsmais 17, **82**
Bischofsreut 120
Blaibach 54
Blaimer, Andi 38
Bodenmais 19, 21, 35,
    **76**, 90
Bodenwöhr 18, **66**
Bootstouren 18
Borkenkäfer 33, 105
Breitenberg 21, **122**
Buchberger Leite 116
Buchet 87
Burg Donaustauf 71
Burg Egg 87
Burg Falkenstein 69
Burg Weißenstein 41, **82**
Burg Wolfstein 115

Česky Krumlov
    Siehe Krumau
Cham 51
Chammünster 37, **54**

Darsch, Monika 38
Deggendorf 19, **85**
Drachselsried 21, **76**, 90
Dreisesselberg 121

Egg, Burg 87
Eging am See 118
Eginger See 19
Eixendorfer See 18, **66**

Falkenstein, Burg 69
Finsterau 20, **108**
Fischer, Johann
    Michael 37
Frauenau 102
Freyung 19, 35, **114**
Furth im Wald 19, 23, **62**

Gabreta 22, **117**
Gfäll 105
Glashütten 99, 103
Golf 19, 117
Grafenau 19, 90, **117**
Grainet 120
Grill, Harald 38
Großer Arber 21, **77**
Großer Falkenstein 101
Großer Osser 60

Haidel 120
Haidmühle 120
Haindling 38
Hammersee 18, **66**
Hans-Eisenmann-
    Haus 23, 41, **107**
Haus zur Wildnis 101
Hauzenberg 123
Hinterschmiding 120
Hochseil-Kletterparks 18
Hoher Bogen 21, **61**, 90
Höllbachgespreng 101
Höllensteinsee 79

Keltendorf
    Gabreta 22, **117**
Kleiner Arbersee **60**, 78
Krumau 136
 ▪ Egon Schiele Art
    Centrum 136

 ▪ Hauptplatz (Náměstí
    Svornosti) 136
 ▪ Mantelbrücke 137
 ▪ Museum für Bau-
    geschichte und
    Handwerk 137
 ▪ Puppenmuseum-
    Märchenhaus 137
 ▪ Regionalmuseum
    136
 ▪ Schloss 138
Kürnberg 66

Lackenhäuser 121
Lalling 35, **84**
Lam 57
Lamberg 54
Lamer Winkel 56
Lohberg 23, **58**
Luckner, Graf Nikolaus
    von 51, 52
Ludwigsthal 101
Lusen 107

Maria auf dem
    Bogenberg 89
Meier, Emerenz 38,
    112, 114
Metten 36
Metten, Kloster 86
Miltach 54
Modler, Johann
    Baptist 37
Mountainbiking 17, 1
    20
Museumsdorf
    Bayerischer Wald 118

Neukirchen beim
    Heiligen Blut 61
Neunburg vorm
    Wald 19, **65**
Neureichenau 91,
    **120**

Neuschönau 22, 35, 41, **107**
Nittenau 67

**O**beralteich 88

**P**assau 19, **131**
- Dom St. Stephan 133
- Dreiflüsseeck 131
- Glasmuseum 132
- Museum Moderne Kunst 131
- Rathaus 132
- Römermuseum Kastell Boiotro 134
- Schaiblingsturm 132
- St. Michael 132
- Veste Oberhaus 131
- Wallfahrtskirche Mariahilf 134
Perlinger, Sissi 38
Perlsee 18, **64**
Pfahl (geol. Formation) 31, 79
Philippsreut 21, **119**
Pullman City 22, **118**

**R**achel 105
Radfahren 17, 79, 86, 121, 137
Raith, Tanja und Susanne 38
Rannasee 19, **123**
Regen (Stadt) 35, **81**

Regensburg 126
- Altes Rathaus 128
- Brücktor 126
- document Neupfarrplatz 127
- Dom St. Peter 126
- Goliathstraße 126
- Haidplatz 128
- Historisches Museum 127
- Porta Praetoria 126
- Schloss Thurn und Taxis 129
- Steinerne Brücke 126
- St. Emmeram 129
- St.-Jakobs-Kirche 129
Reichenbach 69
Reiten 20
Rimbach 91
Rötz 19, **64**

**S**ankt Englmar 21, 35, **80**
Schiefweg 114
Schmidt, Maximilian 38, 54
Schneeschuhwandern 21, 56
Schönberg 91, **118**
Schwärzenberg 66
Spiegelau 23, **105**
Steinernes Meer 121
Stifter, Adalbert 38, 111, 121
St. Oswald-Riedlhütte 106
Straubing 88

**T**ier-Freigelände Neuschönau 22, **107**
Tittling 118
Trenck, Franz von der 31, 40

**V**egesack, Siegfried von 38, 82
Via Nova 87
Viechtach 78

**W**alderbach 37, **69**
Waldhäuser 107
Waldkirchen 19, 35, **113**
Waldmünchen 18, 40, **63**
Waldspielgelände Spiegelau 23, **105**
Walhalla 71
Wandern 16, 53, 54, 59, 60, 79, 96, 102, 116
Wasserski 19
Wegscheid 122
Weißenregen 54
Weißenstein, Burg 41, **82**
Wiesent 70
Wintersport 21, 56, 61, 64, 77, 80, 83, 117, 119, 122
Wolfstein, Burg 115
Wörth an der Donau 70

**Z**ellertal 76
Zwiesel 35, **97**
Zwieslerwaldhaus 23, **101**

## Bildnachweis

Alamy/Tibor Bogner: 130; Alamy/imagebroker: 53, 127; Alamy/nagelstock.com: 38; Alamy/Werner Otto: 22, 66; Hans-Joachim Arndt: U2-Top12-08; Bayerwald-Tierpark Lohberg: 58; Bikepark: 2-2, 17; Bildagentur Huber/Alfeld: 36; Bildagentur Huber/Gräfenhain: 6, 97; Bildagentur Huber/Müller-St.: 35; Bildagentur Huber/Picture Finders: 140; Bildagentur Huber/R. Schmid: 109; Burghofspiel Falkenstein: 41; Manfred Delpho: 92; Egon Schiele Art Centrum: 137; Stefan Engl: 2-1, 10, 32, 55, 57, 60, 61, 72, 77, 101; Farbdia-Archiv Gunda Amberg: 52; Farbdia-Archiv Gunda Amberg/O. Schraml: 132; Fotolia.com/ bilderbox: 139; Fotolia.com/Friedrich Hartl: 106; Fotolia.com/Ray: 19; Fotolia.com/Hendrik Schwartz: 131; Fotolia.com/theogott: 18; Fotolia.com/Christian Tessmer: 86; Glasmuseum Frauenau: U2-Top12-07, 104; Himalaya Pavillon/Wirth: 50; Hotel Riederin: 90; Lilo Klesse: 119; Barbara Kreißl: U2-Top12-01, U2-Top12-04, U2-Top12-10, 30, 44, 51, 73, 79, 113, 123; laif/Hans-Bernhard Huber: 99; LOOK-foto/age fotostock: 26, 107; LOOK-foto/Andreas Strauss: 124; mauritius images/imagebroker.net: U2-Top12-11, 2-3, 62, 64, 82; mauritius images/imagebroker/Siepmann: 40, 122; Nationalpark Bayerischer Wald: U2-Top12-06; Pixelio/Sybille Daden: 125; Pixelio/Friedel Frentrop: U2-Top12-02; Pixelio/Emmanuel Jankey: 120; Pixelio/Thomas-Max Müller: 88; Gudrun Rücker: U2-Top12-05, 24, 84, 103; Sigi-Zimmer-schied.de: 135; Tourismusreferat Landkreis Regen: 20; Tourismusverband Ostbayern e.V.: U2-Top12-12, 110; Tourist-Information/Kurverwaltung Freyung: U2-Top12-09, 116; Hanna Wagner: U2-Top12-03, 1, 8, 42, 46, 56, 71, 81, 83, 96, 115, 134; Wikipedia/Hans Schlieper: 15; Ernst Wrba: 69.

# Polyglott im Internet: www.polyglott.de

## Impressum

Wir freuen uns, dass Sie sich für einen Reiseführer aus dem Polyglott-Programm entschieden haben. Auch wenn alle Informationen aus zuverlässigen Quellen stammen und sorgfältig geprüft sind, lassen sich Fehler nie ganz ausschließen. Wir bitten um Verständnis, dass der Verlag dafür keine Haftung übernehmen kann. Ihre Hinweise und Anregungen sind uns wichtig und helfen uns, die Reiseführer ständig weiter zu verbessern. Bitte schreiben Sie uns:
Polyglott Verlag, Redaktion, Postfach 40 11 20, 80711 München,
redaktion@polyglott.de

### Wir wünschen Ihnen eine gelungene Reise!

**Bei Interesse an Anzeigenschaltung wenden Sie sich bitte an:**
Langenscheidt KG, Herrn Lachmann
Tel.: 089/3 60 96-438, E-Mail: m.lachmann@langenscheidt.de

Herausgeber: Polyglott-Redaktion
Autorin: Barbara Kreißl
Redaktion: Werkstatt München • Buchproduktion
Lektorat: Martin Waller und Gudrun Rücker
Bildredaktion: Ulrich Reißer und Anja Dengler
Layout: Ute Weber, Geretsried
Titeldesign-Konzept: Studio Schübel Werbeagentur GmbH, München
Karten und Pläne: Sybille Rachfall
Satz: Michael Welker
Druck: Himmer AG, Augsburg
Bindung: »Butterfly«-Bindeverfahren zum Patent angemeldet durch
Kolibri Industrielle Buchbinderei GmbH 2008

© 2010 by Polyglott Verlag GmbH, München
Printed in Germany
Dieses Buch wurde auf chlorfrei gebleichtem Papier gedruckt.
ISBN 978-3-493-55612-4

PT 09M1 ◆ 10010